Kraftbilder der Seele

Archetypen – Krafttiere – Heldenreisen

13 Hero's Journey Trainer erzählen

von ihren Erfahrungen

spiritbooks

© 2015 spiritbooks, 70178 Stuttgart
Verlag: spiritbooks, www.spiritbooks.de
AutorInnen: Ulrike Dietmann, Natalie Frey, Silke Frisch-Branderup, Marisa Könitzer, Diana Krahn, Bettina Löber, Silke Lohnes, Sonja Nowak, Andrea O´Neill, Corinne Roll, Waltraud Schögler, Mirja Vits, Bernhard Zeller
Herausgeberin: Bettina Löber
Fotos/Illustrationen: Privat (S. 16, 93, 123, 137, 160, 212, 250, 293, 294, 295, 297, 298, 299, 300, 303, 304, 306), Lisa Nagel (S. 305), Petra Mitschele (S. 302), Gaby Mohr (S. 296), Brigitte Kreisl (S. 301), fotolia – Scarab in ancient Egypt #58525094 | Vladimir Zadvinskii (S. 148)
Illustrationen Cover/Szenengrafiken: Christine Roßmann
Covergestaltung: Corina Witte-Pflanz, www.ooografik.de
Buchsatz/Layout: PCS Schmid, www.pcs-schmid.de
Druck und Verlagsdienstleister: www.tredition.de
Printed in Germany
1. Auflage

ISBN: 978-3-944587-33-2

Folge deiner Glückseligkeit ...

... auf der Heldenreise deines Lebens!

Inhaltsverzeichnis

Autorenprofile

Einleitung

Bettina Löber

Dieses Buch ist ein Kraftpaket. Fünfzig Kraftbilder der Seele werden hier erweckt und zeigen in allen Farben des Regenbogens, welche unsichtbaren Energien den Menschen auf seiner Heldenreise durch's Leben bewegen und begleiten. Da gibt es die archetypischen Kräfte, die jeder Mensch mehr oder weniger intensiv erfährt: Vater und Mutter, das Innere Kind, den Saboteur und die Prostituierte. Und dann viele andere Archetypen, die wir Menschen verkörpern, durchleiden, verehren, entfalten und tief in unserem Wesen genau dann erkennen, wenn es nötig ist: den Rebellen und Krieger, die Fee oder Nomadin, Chiron, den verletzten Heiler. Dazu kommen die Krafttiere wie die Schlange, der Fuchs, der Frosch oder der Adler, der mit scharfem Blick das Leben von oben betrachtet und für die Kraft des Geistes steht.

Dieses Buch ist auch eine Schatztruhe. Dreizehn Hero's Journey Trainer haben sich entschlossen, ihre Innenwelten offenzulegen und ihre Texte vom Ringen mit den Archetypen, die sie während ihrer Ausbildung zum Hero's Journey Instructor geschrieben haben, zu veröffentlichen. Hier kommen Momente größter Verletzbarkeit, Erfahrungen des Scheiterns und tiefer Selbstzweifel genauso zur Sprache wie beglückendes Einssein mit den geliebten Pferden und kraftvolle Spiegelungen des innereigenen Seelenpotenzials. Wir erzählen vom Cowboy, vom Clown, vom Archetypen der Liebenden und vom

Vergießen echten Herzbluts. Unsere Texte wurden nicht für die Öffentlichkeit geschrieben, sondern für uns selbst, um die Prozesse der Verwandlung, die wir bei unseren Heldenreisen-mit-Pferden erlebt haben, tiefer zu ergründen.

Und dann entstand die Idee: Wir machen ein Buch, ein gemeinsames Buch. Wir wagen es, gehen ein weiteres Mal voll in die Verletzbarkeit und veröffentlichen unsere inneren Schätze. Am Anfang stand eine Vision. Wir haben in unseren Workshops echte Gemeinschaft erlebt, haben erfahren, dass es möglich ist, sich mitten in der *Herde* ganz zu öffnen, ohne Schaden zu nehmen. Wir haben uns mehrfach gehäutet, komplett verloren und wieder gefunden. Unsere Welt, unsere Zeit ist erfüllt von der Sehnsucht nach authentischer Gemeinschaft ohne Hauen und Stechen, Konkurrenz und Verstellung. Es ist schwer und tut oft weh, sich zu öffnen, aber dies ist der Ruf – echtes, selbstverständliches Gemeinschaftsbewusstsein als Beitrag zu einer neuen Welt, einem neuen archetypischen Stamm des 21. Jahrhunderts.

Aus diesem Impuls erwuchs ein machtvolles Kraftbild: ein Tipi als Mitte unserer Gemeinschaft. Hier kommen wir zusammen, auch wenn wir Hunderte von Kilometern auseinanderwohnen. Hier erwecken wir den Ruf immer wieder zu neuem Leben und tragen unsere Botschaft in die Welt. Wir sind ein Stamm, der mehr Mitglieder hat, als wir zählen können. Noch kennen wir nur wenige, aber das Tipi steht für alle, die wie wir dieses neue Energiefeld spüren und sich auf den Weg machen. Unser Tipi steht in einer neuen Welt auf einer weiten Wiese und ist umgeben von Pferden, denn auch sie gehören zu diesem Stamm.

Die Pferde sind unsere Freunde, unsere Seelengefährten, unsere Spiegel und Coaches. Wenn wir nicht mehr weiterwissen, schenken sie uns den „heiligen Raum der Möglichkeiten", in dem alle Antworten liegen, denn sie wissen, wie man einfach *IST*, damit man empfangen kann. Unser Tipi ist der Ort der Versammlung, und von hier ziehen die Helden und Heldinnen aus in ihre jeweiligen Lebens-Abenteuer.

Noch sind es mehr Heldinnen als Helden – hier im Buch zwölf Autorinnen und ein Autor, was zahlenmäßig auch unseren Workshop-Teilnehmern entspricht. Selbsterfahrung mit Pferden im Sinne der Heldenreise ist noch zum allergrößten Teil Frauenwelt. Deshalb sollen hier zwei Dinge deutlich gesagt werden: Erstens sind Archetypen universell und nicht an Geschlechter gebunden, egal ob sie als männliche oder weibliche Gestalten daherkommen. Männer und Frauen sind gleichermaßen mit diesen mächtigen lenkenden Energiefeldern verbunden, und es hilft beiden, sich diese Kraftbilder der Seele bewusst zu machen, ihre stärkenden und schwächenden Seiten und die in ihnen liegenden Möglichkeiten zu kennen.

Liebe Frauen, schenkt das Buch euren Männern oder Bekannten, das wäre toll!

Zweitens sind die Workshops der Heldenreise-mit-Pferden ganz und gar nicht nur für Pferdeleute. Pferde verkörpern in hohem Maße weibliche Werte und Stärken. In ihrer stolzen Kraft liegt zugleich Sanftmut, ihre Intelligenz drückt sich in der gemeinschaftsorientierten

Suche nach Sicherheit und nicht in Kampf aus. Es ist immer wieder berührend mitzuerleben, wie gerade die Teilnehmerinnen, die nichts mit Pferden zu tun haben, im Laufe eines Wochenendes ihre intuitive Kraft und ihr Selbstvertrauen wiederfinden, weil sie erleben, dass sie ohne Muskelkraft und ohne Zwang mit diesen großen, starken Tieren kommunizieren können. Ihre zu Anfang geäußerte Angst vor den Pferden entpuppt sich als Angst vor den innereigenen weiblichen Fähigkeiten der Hingabe und Verbundenheit mit anderen Lebewesen. In der Arbeit mit den Pferden werden Schutzlosigkeit oder Mauern in gesunde Grenzen verwandelt, und mit jeder Begegnung wächst das Vertrauen in die eigene Begabung, durch energetische Wahrnehmung zu kommunizieren.

Wer die zwölf Frauen und ein Mann sind, die hier in rund fünfzig Beiträgen ihre Erfahrungen schildern, könnt ihr, liebe Leser, am Ende des Buches sehen. Wir wohnen an den verschiedensten Orten Deutschlands und der Schweiz und arbeiten alle mit der Heldenreise-mit-Pferden. Da die Heldenreise als Hintergrund aller Beiträge des Buches mitschwingt, möchte ich, bevor es losgeht, noch erzählen, wie es kommt, dass wir alle Helden sind auf unserem Weg durch's Leben – und dass es enorm hilfreich ist, dies zu wissen!

Am Anfang war Joseph Campbell, ein amerikanischer Wissenschaftler, der die Welt der Mythen erforscht und dabei entdeckt hat, dass die Prozesse, die die Helden in ihnen Schritt für Schritt durchwandern, immer die gleichen sind. *Folge deiner Glückseligkeit!*, mit diesem inneren Ruf zieht der Held ins Abenteuer und verlässt seine bequeme, wohlvertraute bisherige Welt. Nach vielen

Herausforderungen und (inneren) Kämpfen kehrt er verwandelt nach Hause zurück. Helden sind Menschen, die wissen und fühlen, dass das Leben selbst sie immer wieder ruft, in den Strom zu springen.

Daher wurde die Heldenreise auch als Konzept und Methode von Psychologen und Coaches, von Schriftstellern und Filmemachern entdeckt – sie ist dabei, genau wie die Arbeit mit Archetypen die moderne Welt zu erobern, in der sich Veränderungen überall in so rasantem Tempo ereignen, dass ein waches Prozessbewusstsein mehr Halt bietet als alle Äußerlichkeiten. Ulrike Dietmann hatte schließlich die wunderbare Idee, die Heldenreise und Archetypenarbeit mit den Pferden zu verbinden. In elf Schritten durchwandern unsere Workshop-Teilnehmer ihre persönlichen Heldenreisen. Ein kraftvoller Ruf zur Lebenserneuerung wird durch alle Blockaden hin in Zielenergie verwandelt. Innere Zerreißproben und Momente des Scheiterns werden zu unvermeidlichen, bewusst erlebten Tiefpunkten, in denen bereits neue Kräfte bereitliegen. Und wie bei den Helden der großen Mythen und Geschichten kommt es zur alles verändernden Katastrophe, zur Lösung vom Altbekannten, um einen neuen Schatz zu heben. Bei all diesen Schritten begleiten uns die Pferde als Meister feinster Wahrnehmung und harmonischer Verbindung. Pferdebewusstsein ist höchst energetisch und damit bestens geeignet, uns Menschen aus dem kognitiven Verstandeswesen herauszuholen, unsere intuitiven und instinktiven Fähigkeiten wieder zu erwecken und unsere Aufmerksamkeit auf die Stimme der Seele zu lenken.

Pferde sind ideale Begleiter, denn ihre unerschütterliche Botschaft bei allen Prozessen ist:

Du bist es wert! Wir sehen dich!

Unser Buch ist eine Einladung an alle, die möchten, mit uns zu gehen als Helden und Heldinnen im Archetypen eines neuzeitlichen Stammes, der die Welt verändern wird.

Ich möchte meine Freude und Dankbarkeit zum Ausdruck bringen, dass ich als Herausgeberin die kostbaren Perlen zusammenfügen und dem Buch Gestalt verleihen durfte. Liebe Heroes, ich danke Euch für Euer Vertrauen!

Und danke, liebe Ulrike, dass Du diesen Weg der Heldenreise-mit-Pferden ins Leben gerufen hast!

Ziegenhagen, im September 2015
Bettina Löber

Tipi in der „süddeutschen Prärie"
(Hier finden die Heldenreise-Workshops von Bernhard Zeller statt)

Über Archetypen

Ulrike Dietmann

In der Arbeit an der Entwicklung deines persönlichen Lebensweges kann die Arbeit mit Archetypen ein wertvolles Werkzeug sein, um dir bewusster über deine Essenz zu werden.

Was ist ein Archetyp?

Archetyp ist ein Konzept, das von dem Schweizer Psychoanalytiker Carl Gustav Jung entwickelt wurde. Es geht dabei um eine Essenz der Persönlichkeit. Archetypen sind Muster, die im Bewusstsein jedes Menschen vorhanden sind. In der Tierwelt lassen sich ebenfalls Archetypen finden.

Wir haben generell Zugang zu jedem Archetyp, der existiert, und können diesen aktivieren, um schwierige Situation zu meistern. Auf unserem Lebensweg erforschen wir gerne verschiedene Archetypen, um herauszufinden, wie wir mit ihnen verbunden sind, wie sie uns anziehen, und wie wir sie nutzen können. Verschiedene Archetypen zu erleben, hilft uns auch dabei, andere besser zu verstehen.

Der prägende Archetyp in unserem Leben

Jedes Wesen verkörpert einen gewissen Archetypen, welchen es von Geburt an trägt. Unser Lebensweg ist darauf ausgerichtet, mehr von den Gaben und Herausforderungen unseres prägenden Archetyps zu erleben, um zu

17

wachsen und unser volles Potenzial auszuschöpfen. Ein solcher Archetyp kann der eines Heilers, eines Künstlers, eines Königs oder eines Kriegers sein, um einige Beispiele zu nennen.

Licht und Schatten jedes Archetyps

Jeder Archetyp hat eine Licht- und eine Schattenseite. Das Licht beinhaltet Gaben, Talente und Potenzial. Der Schatten beinhaltet alles, was dich auf deinem Weg behindert oder zurückhält. Oft ist der Schatten auffälliger, weil wir generell konzentriert darauf sind, zu überleben. Der Schatten kann dich zur positiven Seite des Archetyps hinführen. Zum Beispiel eine Person, die versucht, anderen Leuten zu helfen, dabei aber selber zu Grunde geht, kann vom Archetyp des Heilers geprägt sein. Die positive Seite wäre das Heilen anderer oder von sich selbst – und zu lernen, geeignete Grenzen zu ziehen. Dann kann dieser Mensch wirklich hilfreich für andere sein und sein Heilpotential vergrößern.

Archetypen sind eine Essenz

Ein Archetyp ist eine energetische Essenz, ein energetisches Muster oder eine Frequenz. Ein Archetyp kann viele unterschiedliche Erscheinungsformen haben. Zum Beispiel kann ein Heilerarchetyp ein Arzt sein, es kann jedoch auch ein Busfahrer sein. Als Busfahrer kümmert er sich dann um das Wohl aller und lässt zum Beispiel eine Person an einer Stelle aussteigen, wo keine Haltestelle ist, um ihren Heimweg zu verkürzen. Die Herausforderung bei der Arbeit mit Archetypen ist, über die offensichtlichen Dinge hinwegzusehen, und die essenzielle Energie bei der Arbeit zu erkennen. Ein Archetyp gibt dir keine genauen Anweisungen. Du kannst den Archetyp nicht wie ein Orakel befragen, um „Ja"- oder „Nein"-Antworten oder genaue Instruktionen zu erhalten.

Der Archetyp bringt etwas viel Mächtigeres mit sich: Er verbindet dich mit deiner Essenz. Von diesem Ort aus kannst du authentische Entscheidungen treffen und herausfinden, was sich für dich richtig anfühlt. Oftmals zeigt dir das, was du in der Kindheit geliebt hast, deinen prägenden Archetyp.

Sich über den eigenen Archetyp bewusst zu werden, hilft, sich zu fokussieren

Wenn du einmal eine Idee vom tragenden Archetyp in deinem Leben hast, verstehst du besser, warum und wie du in bestimmten Situationen handelst, warum du bestimmte Beziehungen hast und warum du gewisse Entscheidungen triffst. Du verstehst außerdem, warum du dich nicht um alles kümmern musst und warum du nicht in der Lage sein musst, alles zu können. Wenn wir aufwachsen, folgen wir einem bestimmten Modell, welches unsere Kultur bevorzugt. Unser persönlicher Archetyp wird sich aber nur mit bestimmten Inhalten verbinden. Wir fühlen uns oft unzufrieden, weil wir bestimmte Dinge nicht können, oder wir schämen uns für etwas, das von Anfang an nicht für uns vorgesehen war. Unseren individuellen Lebensweg zu kennen, hilft uns, diese Dinge loszulassen.

Welche Archetypen gibt es?

Es gibt die markanten Archetypen wie den Heiler, den Priester, den König, das Kind, die Mutter, den Vater, die

Göttin, den Gott, den Krieger, die Amazone, den Richter, den Künstler.

Die Anzahl der Archetypen ist jedoch unbegrenzt und es werden immer wieder neue Archetypen kreiert, während sich das kollektive Bewusstsein verändert. Was diese gemeinsam haben, ist, dass sie sich auf Charakteristiken, gewisse Themen und Pfade stützen. Sie sind nicht individuell, aber sie können von verschiedenen Wesen, oder von allen Wesen, in einer individuellen Art verkörpert werden.

Ein prägender Archetyp kann sich in vielen verschiedenen Formen zeigen, abhängig vom konkreten Leben einer Person oder eines Wesens. Ein Künstlerarchetyp kann zum Beispiel ein spielendes Kind sein, das seine Puppen einkleidet, es kann ein ambitionierter junger Maler sein, ein kreativer Vater, der ein Baumhaus für seine Kinder baut und in der Entwicklungsabteilung eines Autokonzerns arbeitet. Er könnte in seinem späteren Leben ein Pilger werden, die Welt bereisen und die Schönheit der Landschaft und der Natur durch Fotografie entdecken.

Archetypen und Pferde

Jedes Pferd, wie auch jeder Mensch, hat einen prägenden Archetyp. Sich dieses Archetyps bewusst zu werden, kann helfen, die Bedürfnisse und das Verhalten seines Pferdes besser zu verstehen.

Das Bewusstsein der Pferde ist näher am archetypischen Reich als das der Menschen. Pferde können uns mit dem energetischen Level der Archetypen verbinden und uns helfen, dieses besser zu verstehen.

Wenn wir uns Pferden in diesem Bewusstsein nähern,

ist es viel einfacher, eine Verbindung zu ihnen aufzubauen und mit ihnen zusammenzuarbeiten.

Pferde sind großartige Lehrer auf der Ebene der Archetypen, auf der Ebene der Seele, deren Sprache die Archetypen sind.

Hier einige Beispiele für Pferdearchetypen: der König, der Professor, der Weise, die Göttin, der Narr, der Ritter, die Taube, der Diener, der Zigeuner, der Kolibri, der Künstler.

Wo kann ich Archetypen studieren?

Z. B. im Tarot, in Orakelkarten, in Linda Kohanovs Buch „Der bewusste Weg mit Pferden", in Märchen, in Mythen (zum Beispiel den griechischen), in Romanen und Filmen (die Hauptfiguren vieler Filme sind Archetypen. „Pretty Woman", „Der erste Ritter", „Good Will Hunting", „E.T.", „Rocky").

1

Die Lebendige

Diana Krahn

Die Lebendige ist die, die die nötige Energie aufbringt, um Veränderungen durchzusetzen. Sie weiß, dass es nur eine Komponente gibt, an die man sich im Leben wirklich halten kann, und das ist die Veränderung. Nichts wird bleiben, wie es ist. Veränderung heißt Schwimmen im Fluss des Lebens. Sei es, dass mal wieder ein neuer Job, ein Wohnungswechsel, ein Wechsel des sozialen Umfeldes oder gar ein kompletter Umbruch der Lebenseinstellung nötig wird. Die Lebendige liebt die Herausforderungen und weiß, dass alle Veränderungen dazu da sind, sie wachsen zu lassen. Sie vertraut ihrer Intuition, auch wenn es manchmal nicht so rosig aussieht. Opfer müssen gebracht werden, aber alles ist besser, als seine Lebendigkeit zu verlieren.

Bricht sie mit dem „alten Leben", dann vollzieht sie das mit vollem Bewusstsein. Sie weiß, dass sie trauern wird, und gesteht sich das auch zu. Trauer ist ein Teil der Veränderung. Bricht jemand zu ihr die Verbindung ab, dann ist sie nicht böse – sie weiß, dass sie nicht das

Recht hat, etwas oder jemanden festzuhalten, denn auch sie will nicht festgehalten werden. Wird sie von ihrer Umwelt wegen der Veränderungen nicht verstanden oder gar abgelehnt, dann nimmt sie das hin. Besser kongruent sein als konform.

Ihre Intuition ist ihr heilig, und ihr vertraut sie auch mehr als irgendwelchen Mehrheitsmeinungen.

Sie bildet sich ihre Meinung selbst und vertritt sie auch. Anpassung, nur um anerkannt zu werden, gibt es für sie nicht. Das heißt aber nicht, dass sie kompromisslos ist. Es dürfen nur keine faulen Kompromisse sein. Sie gestaltet sich ihr Leben, wie sie es möchte, und lässt sich nicht von Aussagen wie „Denke an deine Rente. Das ist doch ein sicherer Job" oder Ähnlichem von ihrem eigentlichen Plan ablenken. Ihr ist es wichtig, dass sie sich nicht verbiegen muss, auch wenn das manchmal unbequem ist.

Sie vereint für mich viele Archetypen zu einem Ganzen und stellt die erwachsene Form des ungezähmten Kindes dar. Das ungezähmte Kind befindet sich noch im Zustand des reinen Seins, ohne Verletzungen und Konditionierungen erfahren zu haben. Das ungezähmte Kind weiß nicht, was die bedingungslose Liebe ist, es lebt sie einfach.

Die Lebendige ist sich der verschiedenen Aspekte ihrer Persönlichkeit bewusst und kennt deren Schattenseiten sowie die Goldstücke, die darin liegen. Sie kennt die Verbindungen zur spirituellen Ebene, dem Wohnsitz der Seele. Sie weiß, dass ihre Seele das Gerüst dieses Lebens, dieses Bühnenstücks, geschrieben hat. Sie weiß, dass Erfahrungen den Verlauf des Bühnenstücks beeinflussen und das Gerüst lebendig werden lassen. Man könnte es mit einem improvisierten Schauspiel vergleichen, in dem der Fokus feststeht und von Zeit zu Zeit Regieanweisungen an die Schauspieler ergehen. Das Thema bleibt immer dasselbe, aber die Wege, wie man sich diesem nähert, variieren und machen das Schauspiel lebendig. Die Umsetzung dieser Anweisungen ist das Spannende daran.

Sie weiß, dass ihr Leben dieses Bühnenstück ist. Sie ist zugleich die Schauspielerin, die Regisseurin und die Zuschauerin und kann je nach Bedarf zwischen ihnen wechseln, um Erfahrungen nicht nur zu erleben, sondern auch in das Bühnenstück zu integrieren. Dabei geht es nicht nur um ihr eigenes Leben, sondern auch um das der Gemeinschaft und letztendlich darum, sich „bewusst zu werden", was bedingungslose Liebe ist.

Sie trat bei mir gerade zu dem Zeitpunkt auf den Plan, als nach außen hin so ziemlich viel perfekt erschien. Ich wohnte mit meinem Freund, mit dem ich eine langjährige Beziehung hatte, auf dem eigenen Bauernhof. Mein Job war gut bezahlt und krisensicher, beinhaltete einen geregelten Achtstundentag, ausreichend Urlaub und war körperlich nicht anstrengend. Ich hatte mir den Traum, mit vielen Tieren zusammenzuleben, erfüllt. Aber das war nur die Fassade. In Wirklichkeit war die Beziehung keine mehr, ich drohte mein Bühnenstück zu einem drittklassigen Horrorfilm verkommen zu lassen. Die Angst vor Veränderung machte mich handlungsunfähig.

Da betrat die Lebendige die Bühne und hielt mir einen Spiegel vor, damit mir endlich bewusst wurde, wie meine ach so sichere Welt in Wirklichkeit war. Erst zu diesem Zeitpunkt konnte ich sehen, wie grau und kalt die Welt war, in der ich lebte. Das Gefühl, bereits lebendig begraben zu sein, überwog. Eine Welt, in der ich meine Intuition, meine Herzenswünsche, nicht mehr hören konnte. Die Lebendige rüttelte mich auf und mein Leben durcheinander. Durch sie erkannte ich die vielen Möglichkeiten, die nur auf mich warteten.

Ist sie in mir aktiv, dann reicht mein Gefühlsspektrum von Unbehagen bis hin zu grenzenloser Wut und von Sehnsucht bis zu tiefer Verzweiflung, wenn ich nicht auf sie höre. Sie lässt mich aufmerksamer werden und meine Umwelt genauestens beobachten. Wo ist eine Chance etwas zu verändern? Welche neue Richtung gibt mir wieder Kraft? Neugier ist das Benzin, das den Motor antreibt und mich zu neuen Ufern bringt. Alles wird erst einmal angeschaut. Habe ich den Sinn dahinter wirklich verstanden oder muss ich noch tiefer in die Materie eintauchen, das ist oft die Frage. Mitmenschen bezeichnen mich dann gerne als extrem, weil ich versuche, alle Aspekte einer Richtung zu erfassen, und das Alte manchmal rigoros hinter mir lasse.

Probleme werden dann als Schwierigkeiten angesehen, die man einfach aus dem Weg räumt. Eine Lösung gibt es immer. Es steht immer 50 : 50, dass was Spannenderes folgt, also warum sich nicht die 50 % anschauen, die man noch nicht gesehen hat? Es ist wie das Wandern in der Natur. Schon zurückgehen? Nein – noch ein Stück weiter. Was ist hinter der nächsten Biegung?

Begeisterung ist ein Element der Lebendigen. Begeisterung für das Große und das Kleine, fast Unsichtbare. Das Leben bringt Spaß.

Die Schattenseite der Lebendigen ist die Angepasste. Sie hat Angst vor Veränderungen. Die Meinungen anderer sind ihr sehr wichtig. Ihr Leben richtet sich nach deren Vorstellungen. Aber es gibt kaum zwei Menschen, die wirklich einer Meinung sind. Wem soll man es recht machen? Egal was man tut, irgendjemandem tritt man immer auf die Füße, und wenn es das eigene Selbst ist. Dieses Leben ist sehr anstrengend, denn man muss wachsam bleiben. Wen könnte man vor den Kopf stoßen, wenn man nicht aufpasst? Gefühle müssen unterdrückt werden. Lächeln um jeden Preis, auch wenn die Magensäure schon fast den Halsausgang erreicht. Alles und jeder wird entschuldigt. Er hat es doch nicht so gemeint, und eigentlich bin ich ja selbst schuld. Langsam aber sicher erstarrt man, und das äußert sich oft auch im Außen, die Haltung ist verspannt. Die Gelenke tun weh, die Beweglichkeit ist eingeschränkt, und das, lange bevor das Alter erreicht wird, von dem man erwartet, dass Verschleiß sich am Skelettsystem bemerkbar macht.

Angepasstsein muss nicht Bewegungslosigkeit bedeuten. Manche Angepasste verändern ihr Leben ständig. Sie scheinen im Fluss zu sein, und erst, wenn man genau hinschaut, sieht man, dass die Veränderungen nur der Flucht dienen. Bei einem Umzug ziehen die Probleme mit um, schließlich nimmt man sich selbst immer mit, aber es bleibt die Hoffnung, dass dann – vielleicht doch – die innere Saboteurin Ruhe gibt. Eine Auseinandersetzung mit sich selbst unterbleibt, der Druck wächst. Erst ist alles neu, die Lebensfreude kommt wieder.

Doch nicht lange, dann meldet sich die innere Stimme wieder, immer lauter. Ist der Zeitpunkt gekommen, dass man zuhört, dann kann die Ungeduld das Ganze sabotieren. Alles soll sich ändern, gleich, aber alles braucht Zeit, auch die Transformation zur Lebendigen.

Beide Seiten dieser Archetypin habe ich gelebt und lebe sie noch. Manchmal bin ich lebendig und ruhe in mir, und manchmal falle ich urplötzlich wieder zurück in die Anpassung. Manchmal bin ich mir des Bühnenstücks bewusst, manchmal fühle ich mich als ausgebeutete Schauspielerin, die sich nicht wehren kann. Ich reagiere empfindlich auf die Meinung anderer, bewerte mein Leben nach deren Maßstäben oder nach den Maßstäben meiner Konditionierungen und fühle mich dabei schlecht. Mittlerweile lerne ich, einfach abzuwarten und zu sehen, was hochkommen will. Ich ahne, dass ich keine hilflose, unterdrückte Schauspielerin bin. Ahne, dass ich dieses Stück entworfen habe und es weiterhin beleben kann. Manchmal nehme ich mir die Zeit und schaue es mir an. Ich bin nicht mehr so ungeduldig, und dies wird oft belohnt.

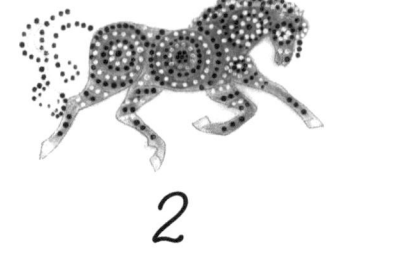

2
Vatersuche – eine Heldenreise

Bernhard Zeller

1. Wer bin ich? Ein Adoptivkind.

Wenn ich die Fingernägel meiner Finger betrachte, stelle ich keine Ähnlichkeit mit denen meiner Eltern fest. Niemand, kein Mensch auf der Welt hat dieselben Fingernägel wie ich. Außer mein leiblicher Vater. Hoffentlich. Ich möchte auch eine Ähnlichkeit mit jemandem haben. Jemand, der so ist wie ich. Der mich versteht. Weil ich von ihm komme.

„Ganz der Papa!", sagen die bescheuerten Bekannten und Freunde meiner Adoptiveltern sicherlich wohlwollend, aber ahnungslos zu mir. Als ob die wüssten. Natürlich nicht. Geheimhaltung ist die Devise meiner Adoptiveltern. Und der gebräuchliche Umgang mit Adoptionen in den 6oer Jahren. Es ist ein Makel, um nicht zu sagen eine Schande, kein Kind zeugen zu können.

Wer bin also ich?

Da bleibt natürlich jede Menge Spielraum für Spekulationen. Ein Prinz? Nein? Dann aber höchstwahrscheinlich der Sohn eines berühmten Rockstars? Oder … oder … jedenfalls gehöre ich nicht HIERHER, in diese FAMILIE (?!?) Und was ist, wenn ich mich irgendwo irgendwann in eine Frau verliebe, von der sich dann herausstellt, dass sie meine Schwester ist? Habe ich noch eine Schwester? Oder zwei? Oder gar einen Bruder?

Wer bin ich also?

Einer, der den unendlichen Schmerz nicht mehr spüren will. Einer, der deshalb versucht, es jedem „recht zu machen". Bloß nicht aufmüpfig oder unangenehm sein, sonst werde ich wieder weggegeben. Wie damals in der Klinik von meiner Mutter. Es muss an mir gelegen haben, dass sie mich nicht wollte. Schließlich liebt doch jede Mutter ihr Neugeborenes.

Also: Alles meine Schuld. Mit mir stimmt etwas nicht. Ganz sicher! Aufgepasst: Lieb sein und gefallen, sonst …

2. Der Ruf: Die Suche meines leiblichen Vaters.

Nachdem ich drei Jahre zuvor meine leibliche Mutter gesucht und gefunden hatte, fand ich, es wäre nun an der Zeit, auch meinen leiblichen Vater, die männliche Wurzel, zu suchen und zu finden.

Mann sein. Was ist das? Wie geht das? Werde ich endlich in meine Kraft kommen, wenn ich IHM gegenüberstehe und mich in IHM erkenne? Wenn er mich „väterlich" mit sich nimmt und mit seinem Sohn die Sachen macht, die Väter eben so mit ihren Söhnen machen? Was auch immer das ist. Ich weiß es nicht. Nicht dass mein Adoptivvater sich nicht um mich gekümmert hätte. Schon, aber … mit dem „Echten" ist alles bestimmt viel … ECHTER!

3. Die Wunde: Schuldgefühle gegenüber den Adoptiveltern.

„Warum um Gottes Willen willst du DEN denn auch noch suchen! Du kennst doch schon deine leibliche Mutter, reicht das denn nicht?" So tönt es aus (fast) allen Ecken. „Was soll das bringen? Wahrscheinlich hauptsächlich nur Ärger".

Aber ich bin ein Mann und möchte wissen, wer mein Vater ist. Dass das viele (ältere) Frauen und speziell meine Adoptivmutter nicht verstehen, ist auch so eine Sache. Was das Kind, oder allgemein der Mensch braucht, ist eine Mutter. Wozu genau soll ein Vater gut sein? Väter sind ja oft nicht da, jedenfalls nicht, wenn man sie braucht, und machen dann nur Ärger. Väter werden außerdem in der Erziehung hauptsächlich zur Maßregelung, sprich Schläge, gebraucht. Für die „Liebe" ist die Mutter zuständig.

„Du hast du doch deinen Vater! Er mag dich doch sehr. Du weißt ja gar nicht, wie sehr. Und das ist nun der Dank!" — „Wenn du DEN mitbringst. Was hat der hier zu suchen? Unser Geld wahrscheinlich. Wirst schon sehen!" Spricht's und seufzt schwer, meine „liebe" Adoptivmutter.

Ich für meinen Teil bin umso fester entschlossen, ihn zu suchen. Über 30 (!) Jahre lang habe aus Rücksicht auf die Gefühle meiner Adoptiveltern nicht gesucht. Um sie eben NICHT zu verletzen oder undankbar zu sein. Undankbar. Ja ich sollte „dankbar" sein für das, was sie mir gegeben haben. Meinte ich.

4. Das Ziel: Reise nach Kroatien

Ich begebe mich auf die Reise. Nach Kroatien. Dort verbrachte meine leibliche Mutter damals ihren zweiwöchigen Urlaub mit einer Freundin in einem Hotel am Meer. Mein (zukünftiger) Vater arbeitete dort als Kellner, und wie es nun mal in Sommernächten so sein kann, ging sie mit ihm auf sein Zimmer.

„Da geht man EIN MAL mit und dann ist man schwanger", bemerkt sie jetzt nach fast 30 Jahren noch immer fassungslos.

Alles, was ich habe, ist EIN Foto von meiner Mutter und dem Kellner zusammen am Frühstückstisch im Hotel. Er als Kellner. „KUKI" heißt er. Natürlich nicht wirklich, das ist sein Spitzname. Na toll. Sehr hilfreich. Immerhin habe ich den Namen des Hotels. Ob es nach 30 Jahren und dem Krieg in Jugoslawien überhaupt noch steht? Und wen um Himmels Willen kann ich fragen? Also los!

5. Die Verbindung: Die damalige Freundin und der kroatische Hotelchef.

Wir kommen an im kroatischen Ferienort. Meine Freundin und ich. Sie begleitet mich und ist mir in meinem Gefühlschaos eine Stütze.

Das Hotel steht noch und ist in Betrieb! Ich gehe zur Rezeption und zeige den älteren Angestellten das Foto. Keiner kennt den Kellner von damals. Natürlich nicht. Sie sind alle noch zu jung oder neu hier. Der Hotelchef macht sich wirklich Gedanken und sagt plötzlich: „Fragen Sie den ALTEN Hotelchef von damals. Der wohnt in Rijeka. Ein Freund von mir. Ich gebe Ihnen die Adresse und kündige Sie an, Sie sind schließlich nicht von hier, sondern ein Deutscher der Fragen stellt. Obwohl ... Sie sind dann ja ...?"

Ich fahre nach Rijeka. Vielleicht haben die Menschen im Hotel unbewusst gespürt, dass ich zumindest zur Hälfte einer von ihnen bin. Jedenfalls waren sie alle ohne Ausnahme sehr hilfreich!

6. Das Herz der Kreatur: Wer bin ich?

Ich werde meinen Vater finden! Daran besteht kein Zweifel. Dann werde ich komplett sein mit Mutter, Vater, Geschwistern. Onkeln, Opas, Omas ... die ganze ECHTE Ahnenreihe hinter mir. Endlich.

Und ich werde dem Menschen gegenüberstehen, der dieselben Fingernägel, Haare und Augen hat wie ich. Und von dem ich manche meiner Wesens- und Charakterzüge habe. Endlich wird vieles klarer sein. Daran besteht kein Zweifel.

7. Zerreißprobe: Warten!

Ich treffe den ALTEN Hotelchef und erzähle ihm, wer ich bin und wen ich suche. Dann zeige ich ihm das Foto von damals. Die Spannung ist unerträglich.

„Den kenne ich!" — „Das ist lange her." — „Das ist der ... Dings ... ähhh ... wie sagten Sie, war sein Spitzname?"

„Kuki", sage ich.

„Ja genau, der Kuki. Das ist er. Ich erinnere mich genau. Den vergisst man nicht so schnell!"

Warum sich der Hotelchef noch so genau an ihn erinnert, bleibt unbeantwortet.

Dumm ist nur, dass er den richtigen Namen nicht weiß. Er liegt ihm auf der Zunge, aber ... wenn man ihm den

Namen sagen würde, dann wüsste er ihn wieder. Wenn er ihn hört oder liest.

Liest!

Seine Frau sagt ihm, er solle doch ins Hauptarchiv des Hotels gehen und die alten Abrechnungen durchsehen. Dann fällt ihm der Name bestimmt auf.

„Es sind ja nur die Lohnzettel aller Angestellten der letzten dreißig Jahre im Archiv. Kein Problem", witzelt der Hotelchef.

Und es ist im Keller. Im Sommer. Ich habe ja sonst nichts Besseres zu tun. Ha! Da kennt er aber seine eigene Frau schlecht. Die redet so lange auf ihn ein, bis er sich bereit erklärt, ins Archiv zu fahren und nachzuforschen. Es könne allerdings etwas dauern. Zwei Wochen oder so. Seine Frau handelt ihn auf eine Woche herunter, und für mich beginnt damit eine der längsten Wochen meines Lebens!

Wir quartieren uns im Hotel ein und verbringen Tag für Tag mit Hoffen und Bangen. Sucht er überhaupt richtig, findet er etwas, wird er sich erinnern? Die Abhängigkeit und das Warten sind eine schier unerträgliche Zerreißprobe für mich.

Nach einer Woche klopft es an unserer Hoteltür. Mir klopft das Herz bis zum Hals. Der Hotelchef steht strahlend in der Tür und überreicht den Lohnzettel mit „Kukis" richtigem Namen.

Geschafft.

Fast.

8. Scheitern: Vorstellungen platzen.

Nach einigen lokalen Telefonaten finden der Hotelchef und seine Frau heraus, dass „Kuki" mittlerweile in Graz wohnt.

Auf nach Graz!

Wir finden seine „Wohnung". Ein älterer Mann geht an uns vorbei in das Mietshaus. Das muss er sein! Ich habe IHN gesehen. Zum ersten Mal! Wir folgen ihm ins Haus. Er geht in den Keller. Es riecht modrig. Altbau. Wieso in den Keller?! Er biegt vor uns um die Ecke, wir bleiben stehen und hören, wie er eine Tür aufschließt, sie öffnet, hineingeht und wieder schließt. Wir gehen bis vor die Tür und bleiben fassungslos stehen. Hier soll eine Wohnung sein? Für mich sieht das, wenn überhaupt, nach Kohlenkeller aus!

Will ich jetzt wirklich noch alles wissen?

Ich klopfe.

Er macht auf.

„Ja bitte? ", sagt er freundlich.

Da ich nicht weiß, was ich sagen soll, zeige ich ihm stumm das Foto.

Erstaunt sieht er mich an und sagt, „Das bin ja ich! Das ist ja ewig her!" und „Wer ist denn die Dame?"

„Das ist meine Mutter", antworte ich.

Schweigen. Ich bemerke, wie er mich ansieht und eine Gänsehaut am Unterarm bekommt.

„Mit dieser Dame hatte ich aber nichts", sagt er.

„Oh doch", sage ich.

„Dann sind Sie …äh …ich habe immer gedacht, dass da mal einer kommt. Ein Sohn, ich habe einen Sohn!"

Na Bravo!

Mein Vater ist kein Rockstar, er hat auch keine Yacht mit Ferienhaus am Meer. Er ist auch keine imposante Erscheinung. Mein Vater haust in einem Kohlenkeller, ist klein und unscheinbar. Er hat seine Familie und sein Geschäft ruiniert, dabei seine Frau und seine Tochter ausgenutzt und geschlagen. Er ist spielsüchtig und gibt immer noch den „respektablen Herrn im Anzug", der er einmal war.

Meine Befürchtung, ich könnte in seine Welt mit heiler Familie durch meine Suche eindringen und sie zerstören, ist unbegründet. Er hat schon alles und auch sich selber zerstört. Restlos. Ganze Arbeit. Da komme ich her.

9. Transformation: Neues Vaterbild

Ich begleiche seine Schulden. Jahrelang. Er pumpt mich weiter an. Ich erkenne nicht, was abläuft. Zu sehr bin ich froh, ihn gefunden zu haben und meine zweite Wurzel nun auch zu kennen. Zwar bin ich enttäuscht im wahrsten Sinne des Wortes, versuche aber immer noch, ihm zu helfen.

Ich suche die Ähnlichkeiten zwischen uns und entdecke so manche. Gerade die machen mir aber Angst. Werde ich auch so werden wie er? Bin ich etwa schon so wie er, oder werde ich in ein paar Jahren aus unbewusster Solidarität zu ihm einen ähnlichen Lebensweg gehen?

Als er sich im Laufe der Zeit immer mehr an mich klammert, wird mir plötzlich klar, dass ich ihm weder helfen kann, noch dass dies meine Aufgabe ist. Der Vater, der mich in meine Kraft bringen sollte, zieht mich gnadenlos in seinen dunklen Strudel hinab und schwächt mich fürchterlich. Er saugt mich aus.

Ich weiß jetzt zwar besser, wer ich bin und wo meine Wurzel ist, das bedeutet aber nicht, dass ich bin WIE er. Ich muss mich aus seinem Strudel befreien, um MEIN Leben leben zu können.

Als er mich wieder einmal jammernd anruft und bittet, zu ihm zu kommen, weil es ihm schlecht geht, bleibe ich hart. Ich werde nicht kommen. Er sagt, etwas mit seinem Herzen sei nicht in Ordnung, er möchte mich noch ein letztes Mal sehen. Diese Sprüche kenne ich nur zur Genüge aus den letzten Jahren. Ich verneine. Weinend sagt er, wenn ich nicht komme, werde er sterben.

Spontan antworte ich: Dann stirb!

Ein paar Wochen später stirbt er. Allein in seiner Wohnung. Die Nachbarn bemerken den Gestank erst nach Wochen und rufen die Polizei.

Ich mache mir viele Gedanken. Ob ich schuld bin an seinem Tod zum Beispiel.

Bin ich nicht! Genau so wenig wie an meiner Adoption. Mit mir stimmt alles. Die anderen haben Probleme und tragen sie auf meinem Rücken aus.

Ich bin okay. Die nicht.

10. Höhepunkt: frei!

Ich weiß jetzt schon etwas mehr über mich. Ich kann meinen leiblichen Vater jetzt sehen, wie er war. Ich musste ihn finden, um ihn und mein verklärtes Bild von ihm loslassen zu können. Die Wurzel ist gleich, aber was daraus wächst, liegt in meiner Hand.

11. Ausklang: Wer suchet, der findet.

Ich muss wohl den Mann in mir selber finden. Einzigartig. Ohne Vorstellung. Ohne Leitbild.

Das bin dann ich. Gott sei Dank.

3
Die Rebellin

Corinne Roll

Kriegerin, Freiheitskämpferin für Gerechtigkeit – eine Rolle, in der ich mich oftmals finde.

Für Dinge kämpfen und streiten, alte Strukturen aufbrechen.

In vernichtenden Gedanken auf Rachefeldzug gegen meine Widersacher.

Meist habe ich die negativen Seiten jedoch im Griff.

Seit Kindertagen ist dieser Archetyp immer wieder aktiv und lässt mich für eine Idee oder Tat brennen und diese dann auch umsetzen. Wie zum Beispiel, für einen guten Zweck zu sammeln.

Ich war noch keine acht Jahre alt, als ich mir nach einer Sendung der „Aktion Sorgenkind" mit Wim Thoelke, Wum und Wendelin vom Polizeipräsidium Stuttgart vorab telefonisch die Erlaubnis einholte, für die Sendung des ZDF zu sammeln. Ich überzeugte meine Schwester von meinem Vorhaben und es wurde das Kinderzimmer von Überflüssigem geräumt. Da waren Gitarren, Puppen, Bücher, Spiele, Teddybären, die geopfert werden konnten.

In Stuttgart–Zuffenhausen wohnten wir an der Hauptstraße und so hatten wir einen guten Standort, unsere Schätze den Passanten anzubieten. Da war z. B. Mutters Steinkette (ungefragt) auch dabei. Eine Frau fand meine Initiative so schön, dass sie mir reichlich Geld für die Mineralsteinkette gab. Es machte mir und auch meiner Schwester recht viel Spaß. Als Belohnung für unsere Bemühungen gönnten wir uns von den Spenden ein paar Kugeln Eis aus der Eisdiele ein paar Meter weiter.

Um die 170 DM kamen durch diese Aktion zusammen. Wir wurden in der nächsten Sendung erwähnt. Zum Dankeschön sandte das ZDF uns die Mainzelmännchen als Mobile für unser Schlafzimmer.

Auch bei diversen Tierschutzaktionen wirkte die Rebellin in mir. So befreite ich einen Dobermann, der den ganzen Tag eingesperrt in der Wohnung sein Dasein fristen musste. Abends bekam er Prügel, weil er sein Geschäft nicht so lange halten konnte. Er wurde von mir in kompetente Tierschutzhände übergeben und an liebevollere Menschen vermittelt.

Heute würde ich vielleicht eher den Dialog mit der Tierhalterin suchen. Doch bin ich im Regelfall eher die Vertreterin der Bedürfnisse der Tiere. Es gibt zwingende Gründe, die einen Tierhalter auffordern, die Umstände für sich selbst und für das Tier zu verändern. Keine leichte Aufgabe, sich eventuell auch von dem Tier zu trennen, doch fordere ich auf, die besten Lösungen für das Tier im Zweifelsfall zu suchen und zu finden.

Die Rebellin lässt mich handeln, mit Mut und Kraft. Teilweise macht mich dieser Archetyp recht kämpferisch sogar provokativ in meiner Art der Argumentation. Die

Rebellin scheint dem Widder in mir den Antrieb zu geben. Ich bin für eine Sache leicht zu begeistern und führe dann auch gerne den Feldzug. Gerne setze ich mich für Schwächere und scheinbar Wehrlose ein. Wenn ich dann so im Eifer des Gefechts bin, kann ich recht ungemütlich werden. Wenn sich Dinge verzögern, manches sich nicht so schnell umsetzen lässt, wie es vereinbart wurde, zum Beispiel im Sinne des Tieres.

Je älter ich werde, umso besonnener handelt die Rebellin in mir und nimmt mehr Rücksicht auf die Sichtweise von anderen. Es gelingt mir, diese Ansichten in die meinen zu integrieren. Sehr gerne arbeite ich im Team. Eine Gefolgschaft zu haben und im Mittelpunkt zu stehen, genieße ich gerne. Im Großen und Ganzen mag ich diese Energie, die mit sehr viel Begeisterung für eine Sache die Dinge vorantreibt und auch andere für die Idee mitreißt.

Sie sprüht vor Kraft und Elan, solange sie im Flow ist.

Die negative Seite drückt sich mit Intoleranz gegenüber Gegnern der Sache aus. Ich kann mich in Rage steigern und wünsche für meine Widersacher, zum Glück nur gedanklich, viel Niederträchtiges.

Einen einmal eingeschlagenen Weg wieder zu verlassen, fällt mir schwer. Da muss dann schon ein neues Ziel, für das es sich lohnt, in Sicht sein.

Die Rebellin in mir trat während eingegangener Partnerschaften meist für einige Zeit ins Verborgene, da ich mich tendenziell eher anpasste. Im Hintergrund wartet sie dann auf ihren Einsatz. Diese verbannte Energie drängt nach einiger Zeit wieder ins Leben. So ging eine Partnerschaft zu Bruch, weil ich den Alltagstrott nicht mehr aushielt, in mir innerlich ein Kampf entstand und meine verdrängten Anteile wieder eine Ausdrucksmöglichkeit in einer Lebensaufgabe suchten.

Ein innerer Ruf drängte nach Außen und will die Struktur verändern. Das Anpassen innerhalb einer Beziehung ging auf Kosten meiner Selbst und Weiterentwicklung. Die Folge ist Unzufriedenheit mit mir und mit dem Rest der Welt. Die verdrängte Energie ruft in solch einer Situation zu neuen Taten, um den Beruf, den Mann oder das Land zu wechseln. Die Rebellin und Kämpferin möchte nach ihrer Façon leben, unbeeindruckt von der Meinung des Umfelds und der Gesellschaft. Verhaltensweisen werden verändert. So konnte ich z. B. nicht mehr länger in einer Beziehung bleiben, in der ich mich den familiären, eingefahrenen Strukturen und Einschränkungen hätte fügen müssen. Der Preis war mir zu hoch.

Diese Energie hat auch etwas Zerstörerisches. Manchmal wird der Feind im Außen bekämpft, der im Inneren zu finden wäre. Manche Projektionen auf meinen Partner kann ich heute erkennen. Aus der Distanz betrachtet, habe ich dafür heute im Leben mehr Selbstbestimmung. Diese gilt es beizubehalten in zukünftigen Beziehungen, um meine Rebellin besonnen agieren zu lassen.

4
Der Optimist

Andrea O'Neill

Der Optimist ist der Archetyp des positiven Denkens. Optimisten sind nicht naiv, sondern sehen in allem das Gute und den besseren Weg. Sie suchen mit innerer Überzeugung einen neuen Weg und der bringt ihnen Hoffnung. Sie sind Übermittler des Lichtes und sie lassen es nie ausgehen, egal wie dunkel die Umstände sich zeigen.

„Die Hoffnung stirbt zuletzt" ist sicher zutreffend auf Optimisten. Sie erkennen an, was ist, und gehen danach mit großer Hingabe daran, einen besseren Weg zu finden.

Durch den Optimisten wird man offen für eine innere Führung. Er wirkt inspirierend und zuversichtlich für einen besseren Weg.

Als ich auf diesen Archetyp gestoßen bin, musste ich von tief innen heraus lachen. Die Worte haben bei mir alle Seiten zum Schwingen gebracht. Es ist deshalb so amüsant, weil ich schon fast diesen Über-Namen bekommen habe, natürlich haben meine Namensgeber es etwas ironisch gemeint. Ich habe und hatte für fast alle Gegebenheiten immer eine gute Zukunftslösung gesehen. Als ich erfahren habe, dass ich als hoffnungslose Optimistin gelte, was natürlich rein worttechnisch gar nicht geht, habe ich mir überlegt, ob ich ein Zweckoptimist sei? Das ist für mich jemand, der nur das Gute sehen möchte, um sich nicht mit den unguten Seiten zu beschäftigen. Da spiegelt sich der notwendige Gegenpol vom Optimisten. Ohne Pessimisten gäbe es keine Optimisten. Aus eigener Erfahrung ist der Optimismus wie ein Navigator, der erstmal aus einer Situation heraus eine vage Richtung einschlägt. Und durch diese wird dann alles etwas konkreter. Ist der Spirit groß genug, reicht die Navigation auch weit. Es ist für mich eine Art Lebensanschauung: Entweder glauben wir, dass alles gegen oder alles für uns ist. Das muss nicht heißen, dass etwas einfach ist, sondern die Art und Weise, wie ich mit den Dingen des Lebens umgehe, ist entscheidend.

In der Schamanischen Reise im Workshop besuchten wir verschiedene Situationen mit Menschen. Jede Situation hatte eine für mich faszinierende aufbauende oder eher abbauende lähmende Wirkung. Beides fand ich gut, denn wenn wir nur sammeln, ohne wieder loszulassen, werden wir träge und halten uns an Gegebenheiten fest. Zum Beispiel die Situation im Wirtshaus kam mir vor wie ein Reinigungsakt. All die Ansichten, die bei mir nicht fest genug verankert waren, hätte ich am Stammtisch liegen gelassen und die innere Überzeugung und der Kern von mir wären wieder freier gewesen. Ich habe schon oft erlebt, dass ich gute Ideen und Projekte hatte, und dann kamen kritische und auch pessimistische Stimmen. Darauf habe ich mich mal beschwert, da ich eigentlich Unterstützung erhoffte, und danach kam das Anliegen etwas ins Stocken oder es versiegte dann. Diese Intervention war aber hilfreich, um sich über die Motivation nochmals Gedanken zu machen. Stimmten die Motivationsgründe, ging es dann auch gut vorwärts mit den Projekten. Für mich ist die Stimme des Optimisten nötig, um die Angel auszuwerfen.

Die Geschichte mit dem Optimisten in mir und den Pferden ist auch sehr aufschlussreich. Es hat so begonnen, dass ich in den Schulstunden ganz gerne jene Pferde geritten habe, die etwas uninteressant waren für die andern. Denn ich wollte für mich den unsichtbaren Schatz entdecken, den jedes Wesen für uns bereithält. Ich habe mir später auch Pferde angelacht, die irgendwie nicht ganz optimal waren. Der Entwicklung der Pferde zuzusehen, war so schön und ich habe viel dabei gelernt. Auch Fohlen zu haben, ist nur für Optimisten geeignet. Mein erstes Pferd, die Mutter meiner jetzigen Pferde, wurde damals als „Mistkratzerli" bezeichnet. Sie war voller Dasselfliegen-Löcher und unproportioniert durch den aufgedunsenen Bauch und ihre zu dünnen Beine. Sie entwickelte sich langsam aber stetig zu einem wunderschönen Pferd mit viel Ausstrahlung. Ihre Fohlen sind alle drei, trotz kritischer Stimmen, wunderschöne Pferde.

Der Optimist in mir sucht und findet gerne. Er kann im Mangelzustand auch süchtig danach sein, etwas suchen oder finden zu wollen, und beginnt dann eine unnötige Sucherei. Der unerlöste Pol des Optimisten beinhaltet auch, dass er manchmal die innere Führung verliert und dann per Verstand und Wille versucht, möglichst an ein scheinbar positives Ziel zu gelangen. Das kann dann in einer verbissenen Art der Suche enden. Damit entfernt man sich von der inneren Führung, und die kreativen Einfälle und Möglichkeiten scheinen weit weg zu liegen.

Optimist zu sein bedeutet, aufgeweckt zu neuen Ufern aufzubrechen, ohne zu wissen, wo sich diese befinden. Mit Entschlusskraft und Selbstvertrauen einen neuen Weg zu finden, ohne sich von dunklen Zeiten davon abbringen zu lassen. Das Vertrauen, das dich in eine bessere Welt einlädt, ist ein wunderschönes Gefühl, das sich wie Tanzen mit blinden Augen anfühlt. Diese Momente oder Zustände sind inspirierend mit der vollen Dynamik des Lebens. Ein Moment des Aufbruchs, ohne die Schwere der Zweifel, die damit verbunden sind.

Der Optimist hat die Energie zum Handeln, wenn er einen besseren Weg gefunden hat.

Der Optimist erklärt, dass wir in der besten aller Welten leben, und der Pessimist fürchtet, dass dies wahr ist.

Der Optimist hat nicht weniger oft unrecht als der Pessimist, aber er lebt froher.

Sobald ein Optimist ein Licht erblickt, das es gar nicht gibt, findet sich ein Pessimist, der es wieder ausbläst.

> *„Optimistisch ist diejenige Weltanschauung, die das Sein höher als das Nichts stellt und so die Welt und das Leben als etwas an sich Wertvolles bejaht." (Albert Schweitzer).*

Der Optimist sieht in jedem Problem eine Aufgabe. Der Pessimist sieht in jeder Aufgabe ein Problem.

Für den Optimisten ist das Leben kein Problem, sondern bereits die Lösung.

Ein Optimist ist ein Mensch, der von der Liebe geführt wird.

Für mich ist der Optimist der Speer der Vision. Er fliegt voraus und landet und wartet, bis der Absender den Weg auch gefunden hat. Der Optimist schickt sein Herz voraus ohne Sicherheit.

5
Krafftier Fuchs

Ulrike Dietmann

Wie stark ist deine Fuchsenergie?
Bevor du diesen Artikel liest, mache bitte den Fuchs-*Energie*-Check, um deine Fuchs-*Energie* zu spüren.

Der Fuchs-Energie-Check:
Bitte kreuze an, was bei dir ein Kribbeln, ein Lachen oder eine andere auffällige Reaktion auslöst:

- ○ Ich verfüge über eine überdurchschnittliche Intelligenz.
- ○ Ich muss lachen, wenn es andere so richtig verdient auf die Schnauze haut.
- ○ Ich schaue gern „Versteckte Kamera" und Ähnliches.
- ○ Wenn ich in den Spiegel schaue, frage ich mich öfters: „Wer ist das denn?"
- ○ Mit Tieren habe ich keine Probleme, sie sitzen meist früher oder später auf meinem Schoß.

- Tiere haben einen göttlichen Humor.
- Der Mensch hat langfristig keine Chance zu überleben, zumindest nicht als Narzisst.
- Ich trete öfters in Fettnäpfchen, aber mit Charme und Intelligenz kann ich den Schaden in Grenzen halten.
- Das Leben bietet mir immer wieder Gelegenheiten, wo ich herzlich über mich selbst lachen kann.
- Ich habe großes Verständnis für alle, die von einer Falle in die andere tappen.
- Das Leben ist ein unaufhaltsamer Fortschritt von Dunkelheit zu Dunkelheit.
- Ich hasse es, Fehler zu machen, aber oft kommt am Ende auch noch etwas Gutes dabei heraus.
- Ich kann nachvollziehen, warum sich manche Menschen für ungeheuer wichtig halten, das Leben hat mich jedoch gelehrt, dass ich nicht so wichtig bin.
- Alles ist erlaubt, so lange man darüber lachen kann.

Fuchsmedizin: der magische Gestaltwandler

„Fuchs, du hast die Gans gestohlen", heißt ein Kinderlied, an dem keiner vorbeikommt. Der Fuchs genießt einen zwiespältigen Ruf. Er ist der Gänsedieb, der sich in der Dämmerung heranschleicht und vom „Jäger mit dem Schießgewehr geholt" wird. Zweifellos haben viele Halter von Federvieh unter dem schlauen Fuchs gelitten. Der Fuchs ist in unserer Kultur eine große Projektionsfläche für listige und überlegene Intelligenz, für jemanden, der andere übervorteilt und aufs Kreuz legt. Schlauer Fuchs, listiger Fuchs, hinterhältiger Fuchs, unnahbar, verborgen, schwer einzufangen.

Als ich mich auf den Weg der Naturweisheit begab, tauchte er sogleich auf. Ich versuchte mich einer alten Stute zu nähern, die sehr abweisend und verschlossen war.

„Was würdest du mich lehren, wenn du Lust dazu hättest und ich dich freundlich bitten würde?", fragte ich sie. Sie schickte mir in aller Klarheit – am Anfang hat mich die Klarheit der Botschaften immer sehr überrascht – das Bild eines Fuchses. *Super*, dachte ich. Immer muss ich das „Superhirn" sein. Ich hatte Philosophie studiert und diverses anderes, schon in der Schule, wo mir die Einser in den Schoß fielen, hatte mich der Klassenschwarm, in den ich voll verliebt war, mit den Worten abgespeist: du bist zu schlau für mich.

Drei Mal darfst du raten, was ich nie wieder in meinem Leben sein wollte. Zu schlau! Fuchsschlau!

Ich habe schon eine Menge in meinem Leben unternommen, um nach außen hin minderbemittelt zu wirken. Einige konnte ich blenden, aber nicht diese alte Stute. Ich sah sie bedripst an, seufzte und nahm mir vor, hinzunehmen, dass ich auf ewig das ungeliebte Superhirn bleiben würde. Pferdeweisheit ist unbestechlich.

Der Fuchs tauchte daraufhin mit widerlicher Penetranz in meinem Leben auf, meistens, wenn ich mich einmal so richtig gut fühlte, sodass ich schließlich bereit war, ihn ernsthaft als einen Teil von mir hinzunehmen und mehr über ihn herauszufinden. War er das intrigante Intelligenzmonster oder hatte er auch was Gutes zu bieten?

Religionsfreiheit

Fuchsenergie bedeutet Kräfte und Strategien zu kennen, die nicht offensichtlich sind. Es bedeutet hinter die Dinge zu schauen und eine Perspektive zu haben, die unverwechselbar ist. Unverwechselbar, weil nur du sie kennst. Der Fuchsblick ist dein Geheimcode zur Wirklichkeit. Wirklichkeit stellt sich für jeden anders dar, da jeder sie mit den ihm eigenen Wahrnehmungsorganen aufnimmt. Bienen sehen andere Farben und Formen als Menschen. Hunde riechen anders, Katzen können nachts besser sehen.

Jeder Mensch hat unverwechselbare Gene und eine unverwechselbare Lebensgeschichte, die ihn die Welt so wahrnehmen lässt, wie er sie wahrnimmt. Das gilt auch für die innere Wahrnehmung. Für jeden hat die Quelle der Inspiration eine andere Gestalt.

Der Fuchs kennt seine innere Quelle und den Weg zu ihr. Er baut keine Kirchen und Tempel, er tut sich nicht mit anderen zusammen, um die gleichen Götter oder Schuhmarken anzubeten – höchstens, weil es Spaß macht, gemeinsam sein Schnitzel oder seine Oblate zu verspeisen. Nachdem wir Religionsfreiheit in unsere Verfassungen geschrieben haben, sollten wir uns die Freiheit nehmen, die der Fuchs für sich reklamiert: Ich speise meine Gans wann und wo und wie es mir gefällt. Einmal sagte mir eine Interessentin, die an einem meiner Workshops teilnehmen wollte, dass sie tief überzeugt sei, eine Nachfahrin der Bewohner von Atlantis zu sein. Sie fragte mich, ob sie trotzdem an meinem Workshop teilnehmen dürfe. Ich dachte, was für eine Frage. Haben wir tatsächlich so große Angst, zu glauben, was uns am sinnvollsten erscheint? Als ich mich umsah, stellte ich fest, dass unsere Angst wegen unserer Überzeugungen ausgegrenzt zu werden, tatsächlich groß ist, auch in mir. Wenn ich schreibe, überschreite ich andauernd gesellschaftliche Tabus und jedes Mal, überschauert mich die Angst. Es ist ja auch noch nicht lange her, dass wir für die absurdesten Kleinigkeiten auf dem Scheiterhaufen verbrannt wurden.

Religiöse Überzeugungen sitzen tief und da ist viel Gutes dran, unter anderem, dass wir Karl May gelesen haben und Winnetou kennengelernt, aber wir haben auch einen Haufen Mist verinnerlicht, der nur darauf angelegt war, uns zu entwürdigen und zu blinden Handlangern von manipulativen, machtbesessenen Hohepriestern zu machen. Zum Glück sorgt der Boom der Fantasy-Literatur dafür, dass wir zwischen finsteren Magiern und anständigen Helden zu unterscheiden lernen. Schließlich war auch Jesus ein anständiger Held und wenn wir den Staub der 2000 Jahre von seinen Schultern klopfen, können wir wieder Teil seiner guten Energie werden. Ich wette, Jesus hatte jede Menge Fuchsenergie. Er hatte einen starken Zugang zu seiner unverwechselbaren inneren Quelle – und er fand unverwechselbare Wege, sie zu kommunizieren und zu leben. Er war „schlau", er war „listig", er hebelte das System auf eine so unnachahmliche Weise aus, dass wir noch nach 2000 Jahren davon beeindruckt sind.

Es macht keinen Sinn, dass wir dem Fuchs, die Schattenseiten menschlicher Intelligenz unterstellen: einen kalten Verstand, kontrollwütige Intelligenz, ein kriminelles Killerbrain, intrigante Machtgier. Der Fuchs ist ein Tier und seine Intelligenz ist die Intelligenz der Natur.

Er versteht es zu überleben und für sich und andere auf souveräne, intelligente Weise zu sorgen.

Der Gestaltwandler

Eine Fähigkeit, die dem Fuchs in vielen Kulturen zugeschrieben wird, ist die Fähigkeit des Gestaltwandelns.

Die Fuchsenergie ist die Energie des Schauspielers. Nicht die des aufgesetzten Schmierenkomödianten, sondern die des einfühlsamen Schauspielers, der ganz mit seiner Rolle verschmilzt. Er versteht es, sich an eine andere Identität hinzugeben, in eine fremde Haut zu schlüpfen, dieses andere Wesen zu sein, eine Zeitlang – während ein Teil von ihm immer weiß, dass diese angenommene Identität nur vorübergehend ist. Im richtigen Augenblick kann er die Rolle wieder ablegen und in eine neue Rolle schlüpfen. All dies geschieht mühelos. Der Fuchs gleitet wie der Wind durch das Sein, durch die Identitäten. Er nutzt den Augenblick.

Diese Fähigkeit ist eine der positiven Eigenschaften, die man auf dem Weg der Naturweisheit gewinnt. In der Natur gibt es keine in Stein gemeißelten Identitäten, keine Doktortitel, Oskars oder Zertifikate über die Ausbildung zum Geistheiler.

Das Gute: Wenn man ein echter Doktor, ein begnadeter Schauspieler oder Heiler ist, wird man ungehindert seine positiven Kräfte fließen lassen können, auch wenn irgendeine absurde Institution einem den Schein nicht aushändigen will.

Auch der Gestaltwandler hat eine Schattenseite: als Heiratsschwindler bricht er unschuldige Herzen, als Rattenfänger von Hameln verführt er unschuldige Kinder, als Verkäufer, Guru, Hitler versteht er es, die Massen zu blenden.

Wenn man es mit der mächtigen Energie des Gestaltwandlers zu tun hat, wird man es mit den Schattenseiten zu tun bekommen, entweder in der Gestalt von Manipulatoren und Blendern, die im eigenen Leben auftauchen oder indem man plötzlich selbst solche Wirkung auf andere Menschen hat und nicht merkt, wie man sich heimlich einen unverdienten Vorteil herausschlägt – oder sich in eine Selbstverherrlichung hineinsteigert, die anderen ungut aufstößt.

Wenn du es mit der Fuchsenergie zu tun bekommst, kann sie in vielerlei Schattierungen auftauchen. Sie ist mächtig und du tust gut daran, ihre Licht- und Schattenseiten in ihren Facetten kennenzulernen.

Der Fuchs sitzt im Gebüsch und wartet auf seine Gelegenheit

Wer die Fuchsenergie in sich gefunden hat, verfügt über die Magie des Unsichtbaren. Seine Kraft, seine Weisheit wirken ohne Worte. Er braucht keine Mikrofone, keine Marketingprogramme und keinen schicken Cowboyhut, um andere zu erreichen und zu beeindrucken. Pferde kommunizieren unsichtbar, denn sie kennen ihr inneres Licht. Die Magie beginnt, wenn wir anfangen, unser eigenes inneres Licht wahrzunehmen und den Wesen um uns herum erlauben, ihr Licht zu leben.

Wenn man den Weg der Naturweisheit betritt, kommt das eigene Beziehungsumfeld ganz schön ins Wanken. Die Tiere um einen herum benehmen sich merkwürdig. Die Menschen, selbst die vertrautesten, erscheinen einem fremd. Wir erscheinen ihnen merkwürdig verändert und oft weiß keiner von beiden, was genau eigentlich los ist. Oftmals entsteht ein gewisser missionarischer Geist, wir wollen die ganze Welt mit unseren neuen Erkenntnissen beglücken und natürlich wollen wir auch, dass die anderen bei unserem neuen Spiel mitmachen, denn gemeinsam macht es ja viel mehr Spaß. Die anderen wollen jedoch nicht missioniert werden, sie haben ihr eigenes Lieblingsspiel. Nicht verzweifeln.

In die Naturweisheit und insbesondere in die machtvolle Fuchsenergie initiiert zu sein, bedeutet nicht, dass wir für den Rest unseres Lebens als zerzauster Einsiedler im Wald leben müssen. Jeder von uns hat Fuchsenergie, auch unser griesgrämiger Kirchenchordirigent. Wenn wir den inneren Fuchs zum Leben erwecken, werden um uns herum plötzlich ebenfalls viele Füchse sichtbar, oft in Menschen und Tieren, von denen wir es am wenigsten erwartet hätten. Hey, mein Vermieter, legt mich schon seit Jahren rein, merken wir plötzlich, während er uns am Telefon etwas von seiner kranken Mutter vorsäuselt. Hey, mein Chef ist gar keine so harte Nuss, er lächelt, wenn ich ihm verständlich mache, dass ich weniger Stunden arbeiten will. Wir lernen, den Menschen hinter der Maske zu sehen, inklusive uns selbst. Das ist die Intelligenz des Fuchses. Da ist die unsichtbare Energie, die unsere Wahrnehmung öffnet für das Wesen hinter den Masken. Wir müssen nicht missionieren, die Fuchsenergie wirkt von selbst und sie ist ansteckend.

Wirf die Krücken weg und fließe mit dem Strom

Der Fuchs erzählt davon, dass sich unsere festumrissene Identität auflöst, dass unsere Identität flüssig wird. Wir werfen die Krücken von uns, wir stellen erschreckt fest, dass unsere inneren Gerüste einknicken. Wir staunen über die Kraft, die gleichzeitig in uns wächst.

Für den Fuchs sind Identitäten keine in Beton gebauten Denkmäler, sondern Masken, die er als Tarnung benutzt, um elegant und unauffällig durch die Widrigkeiten des Alltags zu gleiten. Er verfängt sich nicht in Scheingefechten um Standpunkte, die ohnehin nicht wichtig sind. Er haut nicht auf die Pauke und kreischt, um gehört, geliebt oder bewundert zu werden. Er sitzt im Gebüsch, wartet auf die Dämmerung und holt sich seine Beute. Die Opfer von Täuschungen und schönem Schein geraten leicht in seine Falle. Der klare, wachsame Geist erkennt den verborgenen Fuchs. Wer den Fuchs als listigen Dieb betrachtet, wird leicht zu seinem Opfer. Wer von ihm lernt, kann sich seine lebensspendende Intelligenz zu Nutze machen.

Der Fuchs ist anpassungsfähig im besten Sinne. Deshalb ist er ein Krafttier unserer Zeit, in der sich alles ungewohnt schnell verändert und wir mehr als alles die Fähigkeit brauchen, mit dem Strom des Wandels zu fließen, und nicht unterzugehen.

6
Die Liebenden

Silke Frisch-Branderup

Bei diesem Archetypen geht es um die Anziehung zwischen Mann und Frau, die sich gegenseitig von ganzem Herzen lieben. Diese Liebe ist frei von egozentrierten Motiven wie Verführung oder Manipulation. Sie ist beseelt von dem reinen Wunsch, dem anderen nahe zu sein und alles mit ihm / ihr zu teilen.

Die Anziehungskraft zwischen der Geliebten und dem Geliebten umfasst alle Ebenen, die emotionale, die geistige, die spirituelle und auch die körperlich-sexuelle. Es gibt also auch eine erotische Anziehungskraft. Die Begegnungen sind beseelt von dem Wunsch, ganz und gar miteinander zu verschmelzen. Daraus ergibt sich auch, dass der Archetyp der Geliebten bzw. des Geliebten eigentlich immer als Paar auftritt. Die Liebenden. Wie es der Sänger Max Raabe auch in einem seiner Lieder verarbeitete: „Küssen kann man nicht alleine."

Die Verbindung zwischen der Geliebten und dem Geliebten ist beseelt von dem Wunsch, mit dem anderen zusammen zu sein, ihn mit allen Sinnen zu erleben.

Du wünschst dir, dass es dem anderen mit dir gut geht. Der Geliebte ist jemand, der dich versteht und auf allen Ebenen unterstützt, bei allen Projekten, der dich in allen Facetten kennt und liebt, deine Gedanken, deine Ideen, deine Emotionen, deine Widersprüche und deinen Körper.

Für diese Liebe nimmst du Risiken auf dich, für diese Liebe bringst du Opfer. Du lässt zurück, was dich früher ausgemacht hat, diese Liebe verändert, transformiert und heilt.

Als Schattenaspekt steigert sich der Wunsch, mit dem oder der Geliebten auf allen Ebenen zu verschmelzen, bis zur Versuchung, sich in dem anderen aufzulösen, als Person quasi zu verschwinden und sich selbst zu verlieren. Dieser Schattenaspekt geht bis zur völligen Selbstaufgabe, kann sich aber abgemildert auch in Teilaspekten ausdrücken, zum Beispiel wenn man einen bestimmten Lebensstil, eine bestimmte Meinung oder Weltanschauung annimmt, weil der Geliebte diese Anschauungen hat, und ebenso denkt oder handelt. Solche „milden" Formen der Selbstaufgabe passieren meist unbewusst und schleichend.

Die Suche nach unserem Geliebten oder unserer Geliebten, nach unserer perfekten Ergänzung, die Sehnsucht nach dieser Liebe, die alle Ebenen berührt, ist ein so zentrales Thema der Menschheit, dass sie immer wieder in den verschiedensten Kunstwerken Ausdruck findet. Seit Urzeiten singen die Menschen über Liebe, Geschichten über Liebe sind aktuell wie eh und je, im Kino gibt es immer neue Liebesfilme.

Die Suche nach dieser tiefen, reinen Liebe treibt uns unbewusst voran, sie sorgt für Weiterentwicklung und

Veränderung. Wir können nicht stehen bleiben, bis wir diese Liebe gefunden haben. Es sei denn, wir haben resigniert, dann werden wir träge und sind nicht mehr lebendig.

Paulo Coelho hat der Suche nach unserem „anderen Teil" einen ganzen Roman gewidmet. In der Geschichte von „Brida" trifft eine schöne, junge Irin einen weisen Magier, der zwar alle Geheimnisse der Sonnentradition kennt und lehren kann, doch auch er spürt die Sehnsucht nach seiner perfekten Ergänzung. *"Aber ich bin allein",* hätte er am liebsten gesagt. *"Aber es bringt nichts, das gesamte Universum zu verstehen, wenn man allein ist."*"

In Brida hat er seine andere Hälfte erkannt, aber als Meister der Tradition kann er nicht mit ihr zusammen sein, zumal Brida einen Partner hat. Trotzdem fühlt auch sie sich von dem Magier angezogen. Der Magier überlegt, Brida zu verärgern, sodass die Verbindung abreißt. Doch „Die getrennten Teile würden einander immer wieder erkennen – darin lag ihre Weisheit."

> *„Die wahre Liebe ließ zu, dass jeder seinen eigenen Weg ging – im Wissen, dass dies die zusammengehörenden Teile niemals auseinanderbringen konnte. Er musste Geduld haben. Er würde weiter die Hirten beobachten, aber immer wissen, dass Brida und er früher oder später zusammen sein würden. Das war das Gesetz. Er hatte sein ganzes Leben lang daran geglaubt."* [1]

---

[1] Paulo Coelho, Brida, Diogenes Verlag Zürich 2010, S. 138-145

In ihrem Buch „Ginada" erklärt die spirituelle Lehrerin Mhaádeii AmaMia den karmischen Ursprung hinter dieser unwiderstehlichen Anziehungskraft zwischen zwei Menschen:

"Es gibt unter all diesen Menschen [Anm.: denen wir begegnen] zwei, die wir besonders schätzen und die immer wieder in unterschiedlichen Rollen in unserem Leben auftauchen, und es gibt den einen besonderen als unser perfektes physisches Gegenstück. Wenn eine Seele sich als Individuum verwirklicht, teilt sie sich in zwölf Einzelteile, von denen vier Teile gleichzeitig aus der körperlosen Allseele heraus ein individuelles Bewusstsein und einen physischen Körper annehmen. Zwei von ihnen dienen als Spiegel für unsere mentalen und unsere emotionalen Strukturen und der „eine" als physischer Seelenzwilling entspricht spiegelverkehrt im Detail unserer Seelenstruktur. [...]

Bei der letzten Begegnung müssen beide Seiten gegenseitig in das Gleichgewicht gebracht werden, wobei beide ihre unterschiedlichen Prägungen soweit einbringen können, dass beide zusammen ein perfektes Ganzes ergeben. [...]

Die meisten Menschen sind auf der Suche nach ihrer Zwillingsseele, wenn sie meinen, dass sie ihren Seelenpartner suchen. Die Suche danach, die durch die Liebessehnsucht geschürt wird, ist keine individuelle Angelegenheit von wenigen Menschen, sondern sie gehört zur Aufgabe der Seelenfamilie, zu der alle Menschen gehören, die in dieses Zeitalter geboren wurden."[2]

Das keltische Jahreskreisfest Beltane (oder auch Beltaine), das traditionsgemäß in der Nacht vom 30. April auf den 1. Mai gefeiert wird, ist der Vereinigung der Göttin mit ihrem geliebten Gefährten gewidmet. Beltane ist ein ebenso männliches wie auch weibliches Fest. Hier finden beide Kräfte ihren Ausgleich ineinander und erkennen sich als gleichwertige Partner an. Der junge Königshirsch vereint sich mit seiner Gefährtin, der Liebesgöttin. Sie feiern die „Heilige Hochzeit" und zeugen das Kind, das an Yul (21. Dezember) geboren werden wird. Dann wird das Licht wieder neu geboren.

Doch im Frühjahr feierten und feiern die Menschen an Beltane erst einmal ein Fest der Fruchtbarkeit und der Freude, der Lebensfreude. Es war ein sehr ausgelassenes Fest mit großen Feuern und rituellen Gesängen. Traditionell gingen gemäß dem ganz alten Brauchtum die Männer und Frauen an diesem Fest in die Felder und paarten sich. Das galt – bevor das Christentum sich ausbreitete – als eine Art „Hochzeit" und man sagte, dass Kinder, die an Beltane entstanden waren, nicht den Eltern selbst, sondern dem Gott und der Göttin gehörten.

Als die christliche Weltanschauung vor Jahrhunderten langsam die Länder zu überfluten begann, rückten die Beltanefeuer mehr und mehr ins Abseits. Die Kirche

---

[2]   Mhádeii, Ginada, elph media Verlag Bielefeld 2011, Seite 93-96

verurteilte sie als „sündhaft" und „heidnisch", da die christliche Anschauung nur den EINEN Gott anerkennt und dieser, wie wir ja alle wissen, sexuelles und maßloses Treiben in den Feldern als schwere Sünde bezeichnen würde.

Auch wenn es vielen nicht bewusst ist, so feiern wir heute trotzdem immer noch dieses Beltane, die Heilige Hochzeit der Göttin und ihrem geliebten Gefährten: Maifeuer und Tanz in den Mai sind klare Nachfahren der früheren Beltane-Tradition. Der Maibaum ist beispielsweise ein Überbleibsel der alten Riten und symbolisiert die Vereinigung des Männlichen (Maibaum = Phallus) und des Weiblichen (der Kranz symbolisiert die Vagina der Frau).

Die Kirche machte diese Nacht zur „Walpurgisnacht" und versuchte die Kraft der heidnischen Traditionen durch das Märchen von den „fliegenden Hexen auf ihren Besen, die auf dem Blockberg dem Teufel huldigen" in den Schatten zu verdrängen.

Dass das Beltane-Fest überlebt hat und derzeit immer öfter die alten, heidnischen Riten wieder praktiziert werden, zeigt, dass der Archetyp der Liebenden und die Sehnsucht nach dem/der Geliebten nichts von ihrer Kraft verloren haben.

7
Der Clown

Mein Meister für Perspektivenwechsel –

und „Scheitern macht Freude"

Sonja Maria Nowak

Clown-Sein heißt,

- die eigene Lebendigkeit zu wecken. Lebensregeln im Spannungsfeld zwischen „Wer bin ich", Scheitern, Erfolg zu erfahren,
- Nicht-Wissen zu akzeptieren. Das macht mich offen für neue Erfahrungen.
- Scheitern können, Scheitern zuzulassen setzt Entwicklungsmöglichkeiten frei, das erlebe ich in den Heldenreisen immer wieder. Eine große Herausforderung, aber wenn ich mich einlasse, ist das, was daraus erwächst, spannend, immer wieder eine neue Facette des eigenen Seins.
- Zu mir selbst stehen: Authentisch sein, mir selbst

treu sein und auf dieser Grundlage Veränderung offen begegnen, Wandlung.

- Das Leben bewusst erleben, im JETZT sein, die Bereitschaft auszuprobieren und der „Tanz um Grenzen", die Reise des Helden.
- Nicht aufgeben, im Scheitern wieder neu anfangen und es wagen zu gewinnen, „neuer Tag, neues Glück".
- Mit anderen sein, im Kontakt sein mit unseren Mit-Menschen, Mit-Lebewesen. Wirklich fühlen, dass Alles mit Allem verbunden ist. Zu meinen Vorlieben, Schwächen, Stärken und Grenzen stehen. Dadurch die Maske fallen lassen können, mit der ich Dinge wie Angst, Scham, Ratlosigkeit, Enttäuschung, Wut oder Alleingelassen sein, nicht dazugehören, überspiele.
- Ziele bewusst anpacken, zielgerichtete Energie, Spannung halten zwischen Spielen und Nicht-Spielen, zwischen Scheitern und Erfolg.
- Mich auf Entwicklung und Neues einlassen, Kreativität, Bewusstsein, Spontanität, Neugierde, Staunen.
- Situationen richtig wahrnehmen, ein Gespür für Qualität und das Entstehen von neuartigen Situationen entwickeln, Klarheit und Präsenz.
- Den Clown und/oder Spieler in uns lebendig sein lassen: Spieler – und/oder Clown-Sein gehören zum inneren Kern unseres Mensch-Seins. Sie kennen den Weg zu unserer Lebendigkeit und vermögen es, uns in unserem Alltag zwischen Scheitern und Erfolg zu führen.

Wir lachen über seine Tollpatschigkeit, Unvollkommenheit, über sein Aussehen. Dabei merken wir kaum, dass etwas nicht stimmt, dass nicht übereinstimmende Dinge zusammengebracht werden. Wir lachen über ihn und nehmen in dem Gegenüber gar nicht wahr, dass der wirkliche Clown in uns selbst und dieser (sich darstellende Clown) ein Abbild unseres eigenen, wahren Lebens ist.

Wer ist der Clown in uns? Je älter wir werden, desto größer wird unser Erfahrungswissen, an dem wir uns selbst messen, es festhalten und unser Leben danach ausrichten. Doch dieses Wissen steht uns oft selbst im Wege.

Wir sehen die Welt oberflächlich, weil wir zu viel über sie wissen. Alles ist festgefahren in Vorurteilen, Klischees, Denkgewohnheiten. Der Clown sieht die Welt naiv, mit äußerster Achtsamkeit. Wie ein Kind, das die Erde gerade betreten hat und jede Blume als Wunder wahrnimmt. Und je mehr ich mich damit verbinde, umso mehr Wunder im Kleinen und im Großen passieren, weil ich sie jetzt wahrnehmen kann.

Der Clown lässt Gewohntes hinter sich, kümmert sich nicht darum, geht an oder überschreitet Grenzen. Er probiert aus – und scheitert; er probiert wieder aus – und scheitert. Mit Geduld und Einfallsreichtum überwindet er letztlich sein Scheitern. Ein Clown fällt hin, steht wieder auf und geht weiter – auch auf die Gefahr hin, wieder hinzufallen, trotz aller vorher gemachten Erfahrungen des Scheiterns. Der Clown hat gelernt zu scheitern, zu gewinnen und zu verlieren. Für ihn sind es reale und zu akzeptierende *Spiel*formen des Lebens. Er hat weder Angst vor dem Gewinnen noch vor dem Verlieren. Er spielt mit dem Scheitern, was er nur deshalb kann, weil er zum Scheitern über das notwendige „Distanz-Bewusstsein" verfügt. Das kann der Clown nur aufgrund seines tiefen Vertrauens zu sich selbst.

Durch den Clown in mir kann ich viele neue Denkweisen entwickeln. Neue Möglichkeiten, das Leben zu betrachten. Die Möglichkeiten, mich ganz bewusst für neue Sichtweisen zu entscheiden. Darin kann ich mich in dem Moment üben, in dem ich über genau diesen Archetypen schreiben möchte – ich sitze am Weiher und will eigentlich in Ruhe schreiben, und hier sausen vier Jungs rum und machen einen Höllenlärm. Erst hab ich mich aufgeregt, weil ich ja Ruhe wollte, denn ich kann ja nur, wenn Ruhe herrscht, schreiben (alte Denkgewohnheit entlarvt ☺). Daraus konnte ich die Sichtweise ändern, es sind Kinder, sie haben Spaß und sind eben laut dabei. Und der Ärger verflog ... und ich schreibe und ich habe auch Spaß ... und alles ist gut, so wie es ist.

Der Clown, auf den ersten, oberflächlichen Blick gesehen der naive Tor der Welt, der in jede Falle tappt. Das Besondere am Clown ist jedoch, er ist jeden Moment bereit, sich überraschen zu lassen. Das was man im Zirkus als den dummen August bezeichnet, ist auf den zweiten Blick sehr weise: nämlich nicht wissen! Es passiert mir immer öfter, dass ich Dinge einfach auf mich zukommen lassen kann, ohne zu wissen, was passieren wird. Ich wünsche mir, diese Sichtweise und Offenheit, dieses Staunen immer mehr in mein Leben integrieren zu können, um so auch auf die für mich wichtigen Angelegenheiten reagieren zu können.

Einfach leben, achtsam sein, das Wunder der kleinen Dinge wahrnehmen und mich daran freuen, Kleinigkeiten adeln durch meinen Blick, meine Fantasie. Und dadurch passiert dann die Magie.

Natürlich ist auch der Clown nicht immer glücklich, natürlich gibt es Tage, an denen die Welt mir dunkel und düster erscheint und ich mir denke: Was soll ich hier, ich will hier gar nicht sein. War das alles nur ein Irrtum? Ist das Leben hier doch komplett sinnlos? Wenn ich mich in so einem Moment erwische, geht es nicht darum, möglichst schnell wieder rauszukommen – habe ich jahrelang versucht, alles nur Makulatur.

Ich übe mich nun darin, mich in solchen Momenten auch lieb zu haben. Es muss mir nicht gut gehen, damit ich eine Berechtigung zu leben habe. Es muss auch gut sein, dass es schlecht ist. Wenn ich mich ärgere, versuche ich mich richtig zu ärgern, ich ärgere mich dann so lange, wie es mir Spaß macht, mich zu ärgern. Dasselbe funktioniert auch ganz wunderbar mit Selbstmitleid, jetzt bin ich mal so lange selbstmitleidig und suhle mich im „Opfer sein", wie ich es gut finde, und wenn ich es dann auf die Spitze getrieben habe, muss ich meist irgendwann lachen, das befreit total und damit habe ich dann die Möglichkeit, die Perspektive zu wechseln.

Funktioniert richtig gut, nicht immer, aber immer öfter.

8
Der Weiße Hengst

Mirja Vits

Der weiße Hengst: Ausgleich sanfter Männlichkeit und kraftvoller Weiblichkeit

Gedanken und Bilder:
- Nicht der schwarze Hengst.
- Weiße, weiche, weibliche Stärke durch Charisma, sanfte männliche Kraft, Pegasus, sanfter Flügelschlag. Ruhige, starke, frohe Bewegungen.
- Stark und kräftig – rein und sanftmütig.
- Überzeugt mehr durch innere Ruhe und Beständigkeit als durch Aufbrausen und Wildheit. Er verkörpert die „Groß"-Vater-Figur, er ist Figur der Weisheit, Figur der Beständigkeit. Er besitzt viel kindliche Losgelassenheit, Freude und strahlt ein inneres Wissen aus.

Der weiße Hengst stellte sich mir zuerst über seine Schattenseiten vor. Er zeigt sie mir in unmittelbar darauf folgender Verbindung zu den Vorzügen, die daraus entstehen. Ganz so, als ob er sagen wollte, „kenne deine Schatten und du wirst dir in deiner größten Stärke begegnen", oder „kennst du deine Schatten nicht, wirst du nie ganz".

Er sagt: "Ich bin weder Fisch noch Fleisch. Zu wem gehöre ich? Wer bin ich? Ich bin weiß wie ein unbeschriebenes Blatt. Bin zumeist allein auf weiter Flur. Der Hengst ohne Herde. Ständig grübelnd. Mit mir selbst, mit meiner Situation beschäftigt."

Er fühlt sich in eine andere Wahrnehmung des Hier und Jetzt hineingezwungen. „Ich bin da – allein und dennoch verbunden mit allen anderen Pferden der großen Herde, dem großen Ganzen."

Er spürt den zarten Wunsch, sich hinzugeben an den großen Plan. Genügt sich aber zumeist selbst, hat kein Verlangen nach absoluter Nähe. Er fühlt sich rein und spürt ein Urvertrauen.

Der weiße Hengst ist von Schönheit, er ist sich aber noch nicht bewusst über seine Stamina. Er tanzt mit sich selbst, mit seiner strahlenden glänzenden Schönheit und Einzigartigkeit. Einer Illusion von „Wert". Seine Aufgabe ist es, zu lernen, wundervoll und einzigartig zu bleiben und trotzdem zum Anführer, zum Schützer Anderer und zum Schützer seiner eigenen Grenzen und auch zum Vermähler zu werden. Er ist in einer Gemeinschaft gerne einer von Vielen, steht aber immer etwas abseits. Somit steht er stets in einem besonderen Blickwinkel für alle Anderen und er erscheint besonders, was ihm gefällt. Sein sicherer Abstand führt zwar zu einem Wohlbefinden.

„Ich gehöre dazu, bleibe aber unverbindlich, kann machen was ich will." Durch diese Denkweise behindert er sich selbst, zu seiner vollen Stärke heranzureifen. Sein Zögern sich selbst und Anderen gegenüber, Verbindlichkeit zu entwickeln, verwehrt ihm die Möglichkeit, ganz einzutauchen in den großen Lebensplan und voll und ganz sein eigenes Zepter zu tragen. Er verkörpert auch das Thema des Erwachsenwerdens, des in die Fülle Kommens, die Männlichkeit erkennen, um voll weiblich zu werden.

Ich sehe den weißen Hengst, wie er durch einen Winterwald galoppiert. Man erkennt, wie sich etwas schnell und graziös bewegt, dennoch ist die Camouflage fast perfekt und er bleibt zu Teilen unerkannt. Weiße Kälte umgibt ihn. Ein gefrorenes ICH, immer kurz vor dem Frühling, vor der Fülle stehend. Der Frühling riecht verlockend, aber der weiße Hengst ist nie dazu bereit, den ganzen Wandel zu vollziehen. Eine Aufgabe des Hengstes könnte sein, zu lernen, Beziehungen zu sich und zu anderen zu führen, Verantwortung zu übernehmen und in die Fülle zu gehen. Sich ganz und gar zu entwickeln. Sich nicht zu verlieren und trotzdem verbunden zu sein. Sich trauen, Grenzen zu ziehen und sowohl Winter als auch Frühling seinen Platz einzuräumen. Ankommen in seinem eigenen Vertrag, „Komm bei dir an".

Wie der weiße Hengst zu mir kam:
Ich steckte in einer Situation, die ein altes „entweder – oder" sein sollte, sich aber in der neuen Zeit des „sowohl als auch" präsentierte. Eine starke Zeit des Wachstums und des Entwickelns. Immer wieder gerate ich in meinen Beziehungen in die gleichen Muster.

Immer und immer wieder wurde mir das gleiche Verhalten dargeboten und immer und immer wieder versuchte ich, mein Verhalten und meine Gefühle zu rechtfertigen. Ich litt und schimpfte: „Das macht man doch nicht. Was sind das nur für Menschen. Der müsste das doch auch wollen etc."

Der Tag, an dem ich anfing das Konzept des sich gegenseitig Spiegelns wirklich zu verstehen, war die erste Umdrehung der Entwicklung.

Erkenntnis bringt nicht unbedingt gleich Frieden. Oft fragte ich mich: „Was wollt ihr da oben oder wer auch immer. Ich mache doch schon alles. Ich reflektiere, ich erkenne, ich bearbeite, ich ändere so viele Themen, wie ich nur kann. Ich akzeptiere mich. Ich bin gut und richtig, wie ich bin. Ich versuche, das Opferbewusstsein abzulegen. Immer wieder! Alles kann, nichts muss. Jeder ist gut, so wie er ist, und frei, zu handeln, wie er meint. Ich denke positiv, assoziiere und reflektiere in den schönsten, bunten, liebevollsten frohen Farben. Resonanz, Resonanz, Resonanz."

Richtig? Gut?

Ich blieb, wie ich bin, und galoppierte noch etwas weiter durch meinen heimlichen Winter. Ich kannte meinen Winter. Dann aber kam wieder diese Situation und ich war es mehr leid denn je zu leiden und mich im Opferdasein zu befinden und wollte endlich eine andere, eine wirkliche LÖSUNG.

Auf der Suche nach dieser wirklichen Lösung und dem Gefühl des Nicht-handeln-könnens (denn alles drehte sich im Kreis und ich wusste nicht, was richtig war), Ohnmacht (sprach mein Ego, mein inneres Kind, meine Angst, mein Opferbewusstsein), wurde ich immer wütender und zorniger. Endlich! Ich zog dazu sogar eine Karte, die hieß

„Tanz um Grenzen", und dann begann ich wirklich mutig zu werden. Ich erkannte, dass ich mich selbst anerkennen musste. Ich wurde aufgefordert, meine Grenzen zu finden, sie zu setzen und sie zu verteidigen. Die ersten Tage waren es ganz kleine Schritte. Ich setzte die Spitze meines Hufes auf ein bisschen Grün des Frühlings. Ich nahm meinen eigenen wundervollen Körper ein. Ich wurde laut!

Ich setzte Grenzen. Ich erschuf mich selbst, ganz neu. Ich fing an, für mich und meine Bedürfnisse einzustehen. Ich hatte mich selbst an den Rand gedrückt. Ich musste nur einmal anders handeln, aus Liebe zu mir selbst und der Angst vor den Konsequenzen die Stirn bieten.

Ich durfte lernen, ich zu sein. Ich bin. Ich darf authentisch sein. Mit allen Ecken und mit allem, was anders ist. Ich kann geliebt werden, so wie ich bin, denn auch ich liebte so mein Gegenüber. Das war das Erkennen. Wenn ich meinen Platz einnahm in meinen Beziehungen und mich nicht mehr verlor in dem Versuch, es irgendwie möglich und richtig zu machen, erreichte ich Fülle.

Ich bin *Ich* geworden und meine Bedürfnisse werden auf einmal akzeptiert. Ich erfahre Wertschätzung und Anerkennung auf ganz anderen Ebenen. „Sowohl als auch" und nicht „entweder, oder". Ich erlaube mir meinen Platz einzunehmen – ich trage mein Zepter. Danke.

Affirmation: Ich liebe mich. Ich bin, wer ich bin. Ich bin bei mir angekommen. In meinem ganzen Sein. In meiner ganzen Weiblichkeit.

9
„Das kotzt mich an!" – Die Befreiung vom Bravsein

Silke Lohnes

Ich sitze hier und schreibe. Warum eigentlich?

Ich bin auf einem Workshop: Heldenreise mit Pferden, „Das Medizinpferd". Bei einer Übung zum Energiefluss in den Chakren kam die Idee mit dem Schreiben. Mein Halschakra war eng, es lag ein Stoppschild quer, und im Hals machte sich das Gefühl breit: „Ich könnte kotzen!"

Na so was!? Als braves Mädchen benutzt man doch solche Ausdrücke nicht! Aber irgendwie haben sie gerade etwas Befreiendes. Ich merke, dass das etwas ins Fließen bringt. Anlass, diese Zeilen nun aufzuschreiben, waren die Bilder, die mein Pferd Noi mir in der Übung gezeigt hat: ein Vorhängeschloss vorm Halschakra, ein Blatt Papier und das Schreiben.

Aber was schreibe ich jetzt überhaupt? Was hilft mir, diese Blockade im Halschakra zu lösen?

Fange ich doch einfach wieder damit an: „Ich könnte kotzen!" Und warum?

Weil ich festsitze, in meinem Schneckenhaus, alles schlucke, mich nicht ausdrücke, obwohl der Wunsch danach immer größer wird ... der Druck steigt. Und täglich grüßt das Murmeltier! Ich bin ja irgendwie öfter genau wieder an diesem Punkt! An dem Wunsch nach authentischem Ausdruck, es löst sich auch immer wieder ein Stück vom Blockaden-Mosaik ... oder setzt sich das Teilchen nur an anderer Stelle wieder fest?

In manchen Bereichen kann ich mich schon ausdrücken, habe es geübt und gelernt in den letzten Monaten. Ich singe oder tanze morgens vor der oder als Meditation. Ich gehe zum Mantrasingen, trommele, traue mich in der Öffentlichkeit zu singen. Tanzen, Summen, Tönen in der dynamischen Meditation, beim holotropen Atmen ... Ich übe.

Aber gerade jetzt finde ich es zum Kotzen, dass diese Blockade immer noch da ist! Das müsste doch besser werden, schneller besser werden oder am Besten einfach weg sein! Nein, weil brav bin ich ja immer noch!

„Das Leben ist kein Freudenhaus!", hat mal jemand zu mir gesagt. Da war ich einfach mal fröhlich und unbeschwert gewesen, hatte mit Freunden gelacht. Aber blockiert mich das noch heute?

In welchen Situationen kann ich mich denn nicht ausdrücken?

Wenn ich mich beobachtet fühle. Wenn ich denke, ich muss besonders gut sein. Wenn jemand, der mir wichtig ist, dabei ist... Weil ich nicht auffallen will, nicht negativ ... oder nicht positiv ...?

Und genau da ist es wieder: „Ich könnte kotzen!"

Ich möchte auch mal auffallen, möchte gesehen werden ...

aber da kommt schon wieder diese Angst ...

Und das kotzt mich schon wieder an!

Auch das nervt, ich möchte doch endlich mich und mein Leben entdecken! Leben und das nicht nur im Stillen, ich möchte das teilen! Was will ich denn teilen?? Und wer hätte überhaupt Interesse daran? Okay, da geht mein Halschakra wieder zu! Ich könnte mein Bravsein teilen ... aber wer will das wissen? Vielleicht alle die, die es auch sind und es so satt haben wie ich?!

Was habe ich davon, mich brav und unsichtbar durchs Leben zu schlängeln?

Das kotzt mich schon wieder an!

So oft wie heute habe ich dieses Wort noch nie in den Mund genommen! Naja, wenn es zur Lösung der Blockade hilfreich ist ...

Was passiert, wenn ich mir Ausdruck verschaffe und damit anderen missfalle? Ist das noch ein realistisches Lernfeld oder bin ich damit schon in der Überforderung?

Ich fand die Begegnung mit der Ponystute Lotta heute und auch an den anderen Tagen vom „Medizinpferd" so erfrischend! Sie nimmt sich mit viel Charme und Frechheit das, was sie braucht. Ich habe das als total liebenswert empfunden. Davon hätte ich gerne was. Und brav ist Lotta nicht!

Es geht oft darum, dass ich gefallen will. Wem? Und warum? ... blablabla ...

Mir möchte ich endlich mal gefallen! Und wann gefalle ich mir? Wenn ich in Verbindung bin, mit mir, mit anderen, dann ist Freiraum zu SEIN, fröhlich, lustig, traurig, ärgerlich, ... authentisch.

Es denkt oder schreibt in meinem Kopf immer weiter.

Gut am Schreiben ist, dass ich dann nicht gleichzeitig so viel denken kann.

Aber wo ist der rote Faden meiner Geschichte? Ich drehe mich im Kreis! Es soll um die Befreiung vom Bravsein gehen. Dazu muss ich erst mal meine Blockade, das Bravsein und den unterdrückten Ausdruck annehmen. Okay, dann stelle ich mir jetzt mal meine Blockade bildlich vor!

Sie hat einen Hut auf und den Schalk im Nacken, na toll. Und ich soll brav sein! Es ist ein schrill-bunter Vogel mit Hut, lustig sieht er aus. Aber wie kann meine Blockade so aussehen? Ich muss lachen! Sie versucht, ernst auszusehen, es gelingt ihr nicht!

„Liebe Blockade, was tust du gerne und wie kann ich dich sinnvoll in mein Leben integrieren?"

„Singen, fliegen, verrückt sein, anderen auf den Kopf sch...!" Ich muss schon wieder lachen. Irgendwie hat sie Humor, meine Blockade! Integrieren? Mir den bunten Vogel vorstellen, der anderen auf den Kopf sch..., dann, wenn ich im Bravsein und Gefallenwollen gefangen bin. Jetzt muss ich schon wieder lachen! Blockadenarbeit kann ja richtig Spaß machen. Ja klar, mit so einem bunten Spaßvogel als Blockade.

Für heute reicht's mir! Aber ich freue mich auf die weiteren Bilder und Erlebnisse, die ich mit meiner buntgefiederten Blockade noch erleben werde.

Eigentlich kommt hier noch ein Bild vom bunten Vogel. Aber dazu muss ich erst noch den Künstler in mir finden, der es gestaltet!

10
Der Flug des Falken

oder

Chiron, der verletzte Heiler – neu erzählt

Waltraud Schögler

Dies ist die wahre Geschichte einer Verwandlung, einer Reise ins Innerste einer gequälten Pferdeseele und seine Rückkehr in die Welt als Held!

1

Mein Name ist Falki, das bedeutet „der Falke" und so schnell, wie mein Namensvetter seine Beute im Sturzflug packt, kann ich davonlaufen, wenn Angst und Schrecken auf meinem Rücken Platz nehmen, unhaltbar, nur darauf bedacht, dem Schmerz zu entkommen und Freiheit zu gewinnen.

Mein Fell ist rot und bedeckt einen kräftigen Körper, meine Mähne leuchtet ebenso rot, meine Brust ist breit und mein Rücken hat die ideale Form, einen Sattel zu tragen.

Vor vielen Jahren war das auch für mich das normalste der Welt. Ich war den Menschen wohlgesonnen und sie meinten es auch gut mit mir. Irgendwann trat die Dunkelheit in mein Leben und ließ mich lange Zeit nicht los.

Unsensible Hände rissen am Zügel in meinem empfindlichen Maul, kaum aufgestiegen trieb mich der Mensch zum schnellen Lauf, meine Proteste blieben unbeachtet.

Eines Tages traf mein linkes Auge ein Schlag, der Schmerz machte ich fast verrückt, und als ich daraus wieder auftauchte, war ich auf diesem Auge fast blind. Ein riesiger Fleck versperrte mir fast die ganze Sicht, und wenn ich etwas genau sehen wollte, musste ich meinen Kopf drehen und das rechte Auge benutzen. Das machte mich ängstlich und raubte mir meine Selbstsicherheit. Ich war seelisch und körperlich traumatisiert!

Vor zwei Jahren wurde ich an eine Frau namens Irmi verkauft, im Wesen zwar freundlich, aber verständnislos für meine Nöte. Bei ihr lebte ich in einer kleinen Herde mit drei weiteren Islandpferden, und wenn das Gerittenwerden nicht gewesen wäre, wäre es mir ganz gut ergangen.

Mein Misstrauen gegen Menschen auf meinem Rücken hat sich aber auch hier nicht gelegt, die Frau stieg mit so viel Anspannung auf meinen Rücken, dass ich gar nicht anders konnte, als ganz schnell ganz weit zu laufen. Die Angst trieb mich und machte Irmi wiederum Angst. Ein Kreislauf, aus dem wir uns beide nicht befreien konnten!

Meine Seele litt, einerseits war ich froh, wenn sie mich wochenlang nicht ritt, andererseits vermisste ich eine Aufgabe, mein Leben hatte wenig Sinn, ich fühlte mich nicht geschätzt – ich war ein unnützer Fresser.

2

Fina war nicht gerade begeistert von der Behandlung. Die Wunde an ihrem Bein heilte nicht richtig und das Getue der Tierärztin passte ihr gar nicht. Sie spürte auch, dass ich die Besuche der Ärztin mit wachsender Skepsis betrachtete. Entschlossen stellte sie den Huf auf den Boden und beendete damit die Behandlung.

„Eva", sprach ich die Tierärztin an, „hast du wieder etwas von dem Pferd gehört, von dem du mir vor drei Monaten erzählt hast?"

Eine Kundin von Eva hatte diese um Hilfe bei der Lösung ihrer Reitprobleme gebeten und ich hatte Interesse signalisiert.

Eva runzelte die Stirn und dachte angestrengt nach. Plötzlich hellte sich ihr Gesicht auf: „Jetzt weiß ich wieder, wen du meinst! Nein, seine Besitzerin möchte Falki noch immer verkaufen, aber er wurde nun schon mehrere Monate nicht mehr geritten, weil sie sich anscheinend nicht mehr traut."

Ich schüttelte den Kopf und meinte: „Ohne vernünftigen Beritt wird der Verkauf von so einem Pferd wohl schwierig werden. Ein Interessent möchte doch das Pferd ausprobieren und nicht die Katze im Sack kaufen!"

Eva nickte: „Aber ein guter Beritt kostet Geld und das will sie wohl nicht mehr investieren."

Ich erinnerte mich an das, was Eva mir vor ein paar Monaten erzählt hatte. In etwa 30 km Entfernung gab es ein gutes Pferd, ein Isländer im besten Alter, aber unreitbar für die Besitzerin, weil pfeilschnell und kaum zu bremsen. Die Frau wollte ihn wohl loswerden, hatte aber auf ein Berittangebot von mir nicht reagiert. Ich beschloss, noch einen Versuch zu machen und wandte mich wieder Eva zu. „Wenn du sie wieder triffst, könntest du ihr bitte noch einmal sagen, dass sie mich gerne anrufen kann, vielleicht finden wir doch noch eine Lösung für ihr Pferd."

„Ja, mach ich." Eva war schon wieder am Sprung und packte bereits ihre Ausrüstung ins Auto. „Ciao", rief sie und weg war sie.

„Pfiat di", murmelte ich, wandte mich wieder meiner Stute zu und brachte sie in den Offenstall. Sieben plüschige Ohrpaare drehten sich interessiert in unsere Richtung, samtige Pferdenasen stupsten Fina sanft an und hie und da ertönte ein freundliches Gebrummel.

Es war Anfang November und der größte Trubel in der Reitschule war nun vorbei. Ich überlegte, dass ich nun Zeit hätte, mich mit einem zusätzlichen Pferd zu befassen und der Offenstall bot auch genügend Platz für ein weiteres Pferd.

„Wir werden's ja sehen", beendete ich meinen Gedankengang und löste das Halfter von Finas Kopf.

Einige Tage später nahm ich überrascht einen Anruf entgegen. Die Besitzerin von Falki vereinbarte mit mir einen Besichtigungstermin mit Proberitt. Ich packte den Reithelm ins Auto und machte mich neugierig auf den Weg.

„I bin die Irmi", stellte sich die Frau vor, eine gestandene Bäuerin um die vierzig, freundlich und geradlinig mit einem warmen Händedruck.

„Und das ist der Falki", präsentierte sie den großen Fuchswallach.

Ich betrachtete den kräftigen Körperbau, den ausdrucksvollen Kopf und das gepflegte Äußere des Isländers mit Wohlgefallen, nahm aber gleichzeitig das Misstrauen des Pferdes und seine Zurückgezogenheit wahr, obwohl er entspannt mitten unter seinen Herdenkollegen stand. Das änderte sich jedoch schlagartig, als Irmi das Halfter nahm und auf ihn zuging. Nach mehreren Ausweichmanövern seinerseits gelang es ihr jedoch, ihm das Halfter anzulegen.

Beim gemeinsamen Putzen erzählte Irmi mir über ihre Schwierigkeiten mit diesem Pferd. „Mei, der hat mir auf Anhieb gut gefallen und beim Probereiten ging er gleich im schnellen Tempo Tölt vorwärts. Ich hatte auch kein Problem, ihn die Koppel rauf und wieder runter zu lenken. Aber wie ich dann daheim entspannt ausreiten wollt', ist er halt auch gleich los'gschossn und war kaum zum Bremsen, da hab ich's dann schon mit der Angst zu tun gekriegt."

Mittlerweile waren wir beim Satteln angekommen und ich registrierte sein Hochwerfen des Kopfes, seinen angespannten Rücken und sein nervöses zur Seitetreten. „Oje", dachte ich mir, „das gibt noch viel Arbeit ..."

Ich bat Irmi, das Pferd unter dem Zaumzeug aufgehalftert zu lassen, damit ich die mitgebrachte Longe dort befestigen konnte. Außerdem wollte ich zuerst sehen, wie sich Falki mit Irmi im Sattel benahm und führte ihn in einen provisorischen Roundpen. Irmi war einverstanden, obwohl sie sich sichtlich unwohl fühlte. Kaum berührte ihr Gesäß den Sattel, schoss Falki wie ein Pfeil von einem gespannten Bogen los. Sitz und Handeinwirkung verstörten ihn mehr und mehr, es war ein Bild des Jammers! In

Sekundenbruchteilen hatte ich all das wahrgenommen und nach ein paar Metern bereits instinktiv das Pferd gestoppt. Da standen wir nun und ich spürte die Angst beider und das gegenseitige Misstrauen.

„Danke Irmi", erlöste ich sie, „ich hab schon alles gesehen, du kannst wieder absteigen." Ich setzte meinen Helm auf und drückte ihr die Longe in die Hand, denn ich wollte nicht ohne Absicherung aufs Pferd.

Ich hatte mir keinen Plan zurechtgelegt, ich handelte intuitiv und lehnte meinen Oberkörper beim Aufsteigen weit vor auf seinen Hals. Falki stand still und so blieb ich in dieser Position, ohne mich ganz in den Sattel zu setzen und lobte ihn. „Guter Kerl, fein machst du das!"

Seine Ohren waren in höchster Aufmerksamkeit zu mir gestellt, der Kopf leicht angehoben, damit er mich sah, abwartend, abwägend, bereit zu handeln, falls ich es vermasselte.

Ich bat Irmi, ihn im Schritt anzuführen und uns zu begleiten, ich blieb im übertrieben leichten Sitz und wartete ab – er ebenso.

„Nun", dachte ich nach ein bis zwei Runden, „wenn das so ist, kann ich es mir auch ein bisschen bequemer machen." Ich veränderte meinen Sitz und meine Zügelhaltung im Zeitlupentempo, bis ich entspannt aufrecht und in Anlehnung auf ihm saß. Irmi hatte die Longe auf meine Bitte hin bereits gelöst und beobachtete uns von außerhalb des Roundpens. Ich probierte Volten, Richtungswechsel und ließ ihn Slalom gehen, er machte das ganze Programm mit, ohne sich zu wehren, war aber ständig auf der Hut. Seine Botschaft war unmissverständlich: „Ein falscher Handgriff und ich bin weg".

Klar war er aufgrund des mangelnden Trainings steif, aber er akzeptierte meinen Schenkel und den Zügel und ließ sich sogar nach ein paar Runden Tölt relativ einfach durchparieren.

„Na, Bursche", lobte ich ihn und kraulte ihn vorsichtig am Hals. „Das kann vielleicht doch noch was werden mit uns!"

In Irmis Blick wich die Fassungslosigkeit einer vorsichtigen Hoffnung. Einvernehmlich versorgten wir das Pferd, die Zeit brauchte ich auch, um meine Gedanken zu sortieren. Ich räusperte mich und bemerkte, dass sich Falki nah neben mich gestellt hatte, wie wenn er nichts von dem versäumen wollte, was nun über ihn geredet werden würde. Ich legte ihm meine Hand auf den Widerrist und wandte mich Irmi zu.

3

Ich spürte es, Veränderung lag in der Luft!

Diese seltsame Unruhe kam über mich, als die fremde Frau an den Koppelzaun trat und mich eingehend betrachtete. Ihr Geist tippte kurz an mein Misstrauen und zog sich dann wieder zurück. Kurz war ich abgelenkt, als ich das Halfter auf mich zukommen sah und der befürchteten Quälerei ausweichen wollte, aber dann wollte ich doch der Sache auf den Grund gehen. Trotz der leichten Plauderei der beiden Frauen beim Putzen und Satteln fühlte ich die Aufmerksamkeit der fremden Frau auf mir ruhen.

Mit diesem guten Gefühl war es allerdings schnell vorbei, als sich Irmi auf meinen Rücken schwang. Blitzartig schoss ich los und machte meinem Namen alle Ehre. Allerdings kam ich nur ein paar Meter weit, dann hatte mich die fremde Frau auch schon ausgebremst und Irmi stieg gerne von mir ab. Aber ich hatte mich geirrt, die Prüfung war noch nicht vorbei, denn nun setzte die fremde Frau ihren linken Fuß in den Steigbügel. Sie sah mich ernst an und schob sich dann langsam hoch und blieb auf meinem Widerrist und Hals liegen und wartete – ich auch.

Dann schwang sie genauso langsam das rechte Bein über mich, stellte es in den Steigbügel und wartete – ich auch.

Als sie mich schließlich zum Schritt aufforderte, ging ich vorsichtig los. Ich war mir nicht sicher, wie ich ihr Verhalten beurteilen sollte, es war so anders, als ich es in den letzten Jahren gewohnt war ...

Natürlich war ich weiterhin höchst misstrauisch, aber ich spürte auch, dass sie mich verstand und mich zur Mitarbeit einlud, dass sie hinter dem Panzer, den ich mir zu meinem Schutz zugelegt hatte, ein Stück meiner wahren Seele wahrgenommen hatte.

Beide Frauen widmeten sich nun meiner Körperpflege und mir kribbelte es unter der Haut, weil mir die fremde Frau ihre Hand leicht auf meinen Widerrist gelegt hatte. Ich merkte, es ging um meine Zukunft, sie unterhielten sich nun über mich, über Vertragsbedingungen, Probezeit und den Kaufpreis. Davon verstand ich nichts, aber als die fremde Frau abschließend Irmi die Hand hinhielt und diese daraufhin einschlug, wusste ich, es braucht nun auch meine Zustimmung und ich ließ meinen Kopf sinken, leckte mir die Lippen und kaute ab. Und beobachte zufrieden die plötzlich aufsteigenden Tränen in den Augen der fremden Frau, weil ich ihre Seele berührt hatte.

4

Ein paar Tage später fuhr ich mit dem Pferdehänger im Schlepptau auf Irmis Hof. Wir hatten eine Probezeit von drei Monaten ausgemacht, danach sollte ich mich entscheiden, ob ich Falki behalten oder wieder zurückgeben wollte. Das Verladen war überhaupt kein Problem. Falki stieg so rasch in den Hänger ein, als wäre er begierig auf seinen neuen Lebensabschnitt.

Beim Heimfahren überdachte ich nochmals meine Vorbereitungen, um ihn optimal in meine kleine Herde zu integrieren. In den ersten paar Tagen wollte ich ihn in der Integrationsbox übernachten lassen und tagsüber unter meiner Beobachtung mit der Herde zusammenlassen. Aber erstens kommt es anders und zweitens als man denkt ...

Nach dem Ausladen rieb ich ihn mit benutztem Stroh aus meinem Stall ab, damit der alte Stallgeruch durch den neuen Geruch überdeckt wird. Meine acht Isis hatten natürlich schon längst die bevorstehende Veränderung bemerkt und drängten sich gespannt am Zaun. Ich nahm eine Gerte mit, um nicht überrannt zu werden, führte Falki in den Auslauf, löste blitzschnell den Führstrick und brachte genug Abstand zwischen mich und die Pferde. Ich war auf eine Jagd im Paddock gefasst, darauf, dass die bestehende Herde den „Neuen" versohlen würde – kurz und gut, dass die neue Rangordnung vehement und laut ausgestritten werden würde.

Aber da hatte ich mich gründlich getäuscht: Falki ließ von Anfang an keinen Zweifel daran, dass er nicht nur ein ranghohes Pferd war, sondern ab sofort der neue Chef meiner Herde sein wollte. Soti, Finas Halbbruder, versuchte noch halbherzig eine Widerrede, aber im Grunde war schon alles klar! Ich staunte, mit welcher Souveränität – und ganz ohne Feindseligkeiten – die neue Rangordnung binnen Sekunden festgelegt wurde!

In den folgenden Tagen – und mittlerweile Jahren – konnte ich feststellen, wie sozial Falki diese Aufgabe erfüllte. Er ist ein unaufdringlicher Streitschlichter, kümmert sich beim Fellkraulen auch um die rangniedrigen Pferde und beharrt auf seiner Position, ohne ekelhaft zu sein.

Von einem nächtlichen Aufenthalt in der Integrationsbox wollte er natürlich auch nichts wissen, er stellte sich zur Fütterungszeit ganz selbstverständlich zwischen den anderen Pferden ans Fressgitter und damit war auch dieses Problem gelöst.

So einfach seine Herdenintegration war, so schwierig war es, sein Misstrauen den Menschen gegenüber, zu überwinden. Wenn er mich mit dem Halfter kommen sah, nutzte er jede Gelegenheit, um mir auszuweichen und davonzulaufen und ich musste kreative Lösungen finden, um ihn von meiner Ungefährlichkeit zu überzeugen.

5

Ich fand wieder Gefallen am Leben, denn ich hatte wieder eine Aufgabe: Die Herde, in der ich nun lebte, war zwar schon länger zusammen. Einige Pferde waren miteinander verwandt und kannten sich schon ihr Leben lang, trotzdem gab es keinen unter ihnen, der die Verantwortung für die ganze Herde übernehmen wollte.

Was für ein Glück für mich!

Soti, ein junger, wunderschöner Fuchs (so wie ich), fühlte sich anscheinend etwas „auf die Hufe getreten" und wollte mir meine Position streitig machen. Nach ein paar ausdrücklichen Zurechtweisungen hat er sich aber ins Unvermeidliche gefügt.

Stress hatte ich nur, wenn die Frau mit dem Halfter kam. Ich wandte alle Tricks an, um dem Gefühl des Ausgeliefertseins auszuweichen, um nicht wieder mit Angst und Schmerz konfrontiert zu werden. Sie sollte mich einfach in Ruhe lassen! Beharrlich folgte sie mir, redete mit ruhiger Stimme, kraulte mir die Schweifrübe, ließ mir Zeit, mich an sie zu gewöhnen. Dann legte sie mir das Halfter an, belohnte mich, nahm es wieder ab und ging wieder. Was war das denn?

So ging es mehrere Tage und ich fand das Halfter schon nicht mehr so schrecklich und ging nur noch aus Gewohnheit ein paar Schritte auf die Seite, wenn ich sie kommen sah. Dann nahm sie mich auf den Reitplatz mit und unsere Zusammenarbeit begann.

6

Ich freute mich, dass Falki sich zur Mitarbeit entschlossen hatte, auch wenn er sich nach wie vor sehr skeptisch zeigte. Ich arbeitete vor allem mit vertrauensbildenden Maßnahmen, zeigte ihm die „freundlichen Spiele" aus dem Natural Horsemanship und lobte ihn überschwänglich, wenn er sich mir anvertraute und immer wieder „über seinen Schatten sprang".

Eines sonnigen Tages fiel mir auf, dass er auf der

rechten Hand seinen Kopf zur Bande drehte und bei den Buchstaben und Punkten immer etwas stutzte. Daraufhin betrachtete ich sein linkes Auge und sah eine daumennagelgroße weiße Trübung, die offenbar seinen Blickwinkel beeinträchtigte. Ich rief Andrea, eine Freundin – ausgebildet in klassischer Tierhomöopathie –, an und fragte sie, ob man denn da etwas machen könnte. Ich wäre schon mit einer geringfügigen Verbesserung, die Falki Erleichterung verschaffen würde, zufrieden gewesen. Das ausgesuchte Mittel wirkte nicht von heute auf morgen, aber es führte zu einer stetigen Verbesserung bis nach drei Monaten gar nichts mehr zu sehen war. Im selben Maß nahm seine Schreckhaftigkeit ab und er gewann an Selbstvertrauen.

Ich fing an, ihn zu longieren und mich auch mal kurz raufzusetzen und am Ende der ausgemachten Probezeit von drei Monaten konnte ich ihn im Viereck im Schritt und im Trab bzw. Tölt reiten, er schaffte es zeitweise, sich nach vorne und abwärts zu dehnen und achtete auf meine Stimmkommandos. Wenn ich seinen Mut, sich seinen Ängsten zu stellen, würdigte, war es einige Male, dass ich berührt, zu Tränen gerührt war, weil er mir seine Dankbarkeit wie eine Welle übermittelte. Ich wusste, ich war auf dem richtigen Weg mit ihm.

Nun musste ich mit Irmi über sein weiteres Schicksal beraten: „Als Schulpferd ist Falki völlig ungeeignet, noch viel zu schreckhaft und zu schnell. Er braucht noch viel Arbeit und es wird nicht einfach sein, einen passenden Käufer für ihn zu finden."

Aber für Irmi war die Angelegenheit schon entschieden. „Wenn du ihn nicht nimmst, gebe ich ihn zum Schlachter!"

Mir fiel fast der Telefonhörer aus der Hand, dann bat

ich sie um eine Nachdenkpause. Einerseits war ich empört über die Anwendung dieses uralten Verkäufertricks, andererseits erkannte ich aber auch ihre Unfähigkeit, diesem Pferd jemals gerecht zu werden. Ich wollte mir eigentlich kein Pferd kaufen, ich hatte ja selbst genug, aber ich hatte auch etwas dagegen, dass dieses Pferd und all meine Zeit und Energie, die ich in es investiert hatte, beim Schlachter landet. Also kaufte ich ihn zu einem ausgesprochen fairen Preis.

7

Ich spürte die Veränderung und nach einiger Zeit begriff ich, dass ich hierbleiben durfte, dass diese Herde und diese Frau für mich Heimat geworden waren. Ich musste nicht besonders intensiv arbeiten, weil andere Herdenmitglieder sich im Reitunterricht engagierten und die Frau arbeitsreiche Tage hatte. Ab und zu bekam ich Aufmerksamkeit von einem Mädchen, sie wurde Meli genannt. Sie kam regelmäßig zum Reitunterricht und heimlich beobachtete ich sie. Irgendetwas mit ihren Beinen stimmte nicht, sie ging langsam und tat sich unheimlich schwer beim Aufsteigen, wie wenn sie zu wenig Kraft hätte.

Sie interessierte mich und so hörte ich den Menschengesprächen zu, um mehr über sie zu erfahren.

Meli war damals knapp vierzehn Jahre alt und war jahrelang Mitglied in einer Voltigiergruppe. Man legte ihr nahe, aufzuhören, weil man sie nicht mehr aufs Pferd heben konnte. Sie sei zu schwer und aufgrund ihrer Muskelschwäche könne sie auch nicht richtig mithelfen. Der Abschied fiel ihr sehr schwer und sie suchte Trost bei uns Isländern. Sie verbrachte viel Zeit in meiner Herde und fand für jeden von uns ein freundliches Wort.

Eines Tages fasste sie sich ein Herz und fragte die Frau, ob sie denn ein Pflegepferd haben könnte. Ich spitzte die Ohren und wartete äußerst gespannt auf die Antwort der Frau.

„Ein Pflegepferd? Was stellst du dir denn darunter vor?"

„Na ja", sagte Meli, „ein Pferd, das ich putzen darf, mit dem ich vielleicht spazieren gehen könnte und mit dem ich auch Bodenarbeit machen kann, wenn du mir was zeigst!"

„Aber die Schulpferde sind alle schon im Reitunterricht ausgelastet ...", überlegte die Frau.

„Vielleicht ein Pferd, das nicht im Reitunterricht geht?", warf Meli vorsichtig ein.

„Mhm", machte die Frau und sah Meli lange nachdenklich an. Schließlich sagte sie: „Ich weiß zwar nicht, ob es funktionieren wird, aber wir können es zumindest probieren!"

Ich sah Melis strahlendes Gesicht und ahnte, dass hier gerade etwas entschieden wurde, was meine Zukunft verändern würde.

8

„Es tut mir gut, wenn sie kommt. Wenn sie mich ruft, wende ich mich ihr zu. Das Halfter hat seinen Schrecken verloren. Ich genieße es, von ihr gepflegt zu werden. Wir erkunden gemeinsam Wald und Feld und ich passe mich ihrem Schritttempo an, warte geduldig, wenn sie bergauf eine Verschnaufpause braucht. Sie hat eine Freundin – Lara – und oft gehen wir zu dritt und ich lausche ihren Gesprächen. Im Viereck zeigt ihr die Frau die Übungen, die ich schon kann, *und regt sie an, sich neue Übungen für mich auszudenken. Unser Vertrauen ineinander wächst."*

So verging ein ganzes Jahr. Meine Augenverletzung war nun verheilt und meine Seele konnte sich wieder mit einem Menschen anfreunden.

Melis Mutter hatte ein Pferd, eine Haflingerstute, die nun in die Jahre gekommen war und an Arthrose und Hufrehe litt. Jeder Schritt bereitete ihr Schmerzen und der Tierarzt konnte ihr nicht mehr helfen, sie wurde schweren Herzens eingeschläfert. Ich begleitete Meli in ihrer Trauer und tröstete sie mit meiner Zuneigung. Und ich spürte, wie ein besonderer Wunsch in ihr erwachte.

9

Meli und ich waren in ein ernsthaftes Gespräch vertieft. Ihre Eltern waren bereit, ihr eine Reitbeteiligung zu finanzieren und die Frage nach dem passenden Pferd beschäftigte sie schon länger. Meli hatte schon Skjoni ausprobiert, aber da stimmte die Chemie zwischen den beiden einfach nicht und Randver war einfach zu schnell.

„Gambri ist total zuverlässig, aber der arbeitet halt schon oft im Reitunterricht", sagte ich und Meli nickte wissend.

„Dagfari wäre auch eine gute Wahl", spann ich den Gesprächsfaden weiter.

„Aber", ich wiegte den Kopf, „der arbeitet halt auch schon ziemlich viel", und dachte weiter nach. Fast hätte ich es überhört, was Meli leise vorschlug: „Wie wär's mit Falki?"

Ich starrte sie überrascht an und dachte an Falkis

Vorgeschichte, an Melis körperliches Handicap und an all das, was bei diesem Vorhaben möglicherweise schiefgehen konnte! Aber gleichzeitig spürte ich die große Sehnsucht dieses Mädchens, ihre Hoffnung, dass ein Herzenswunsch in Erfüllung gehen möge und den Mut, den sie brauchte, um diese alles entscheidende Frage zu stellen. Ich atmete tief durch und sagte: „Meli, ich weiß nicht, wie Falki damit umgehen wird, wenn du auf ihm reiten willst, aber wir können es zumindest ausprobieren."

10

Nach längerer Zeit bekam ich wieder einmal einen Sattel aufgelegt und ich erinnerte mich an meine Ängste und den Schmerz. Es machte mich nervös und ich merkte, dass Meli heute auch sehr aufgeregt war. Irgendetwas lag in der Luft, denn ihre Mutter war auch da.

Die Frau begleitete uns auf den Reitplatz und hängte die Longe in mein Halfter ein, zog den Bauchgurt nach und stellte sich dann vor mich. Die Aufstiegshilfe kannte ich schon und so wartete ich gespannt, auf das, was folgen würde. Ich war überrascht, denn nicht die Frau, sondern Meli hangelte sich in Zeitlupe auf meinen Rücken! Ich stand mucksmäuschenstill, bis sie endlich ihre Füße in den Steigbügeln hatte, die Zügeln aufnahm und mir das Kommando zum Antreten gab, die Frau hielt die Longe in der Hand und ging neben mir. Ich konnte nicht anders, ich trieb allen Anwesenden die Tränen in die Augen!

Ich bewegte mich, wie wenn ich einen Korb mit rohen Eiern balancieren müsste, meine Ohren waren in höchster Aufmerksamkeit nach hinten auf Meli gerichtet, vorsichtig setzte ich einen Fuß vor den anderen und achtete auf mein Tempo, schnaubte ab und nahm wahr, was für ein Segen dieses Mädchen für mich war! Sie war glücklich mit mir und ich mit ihr!

Nach zwei Runden im Viereck klickte die Frau wortlos die Longe aus meinem Halfter aus und ließ mich mit Meli allein. Ich berührte ihre Seele, schickte ihr meine Dankbarkeit und sah sie weinen. Wir erkannten beide, dass ich meine Bestimmung gefunden hatte. Meine ärgsten Verletzungen, aber auch meine Heilung hatte ich durch Menschen erfahren. Und ich kann selbst für einen Menschen – für Meli – heilsam sein.

11

Über ein Jahr ist seitdem vergangen und Meli und Falki sind unzertrennlich. Beide haben weiter am gegenseitigen Vertrauen gearbeitet und sich auch reiterlich weiterentwickelt, schließlich kam die Frage, auf die ich schon seit einiger Zeit gewartet hatte: „Meinst du, ich könnte mit Falki auch einmal ausreiten?"

„Das kommt darauf an", sagte ich, „wie groß dein Vertrauen zu ihm ist. Du weißt, er kann es nicht leiden, hinter einem anderen Pferd zu gehen, deswegen könnte ich dir nur folgen und du hättest kein Pferd zum Bremsen vor dir. Du müsstest für euch beide die Verantwortung übernehmen."

Nach zwei Wochen hatte Meli genug Mut gefasst und wir gingen das erste Mal ohne Führstrick ins Gelände.

Ich folgte ihnen auf einem ruhigen Pferd über unbelebte Feldwege, in den Flussauen der Alz und durch schattigen Wald bergauf und staunte über die Ruhe und Gelassenheit von Pferd und Reiterin vor mir. Entspannt schwang der Schweif im langsamen Rhythmus der Schritte, Falki's Hals war auf „halbmast" und seine Augen nahmen die langentbehrten Natureindrücke auf, während die Ohren ständig zwischen seiner Neugierde und der Aufmerksamkeit für seine Reiterin hin und her spielten.

Meli vertraute ihm und er vertraute ihr – jeder hatte dem anderen von sich das Kostbarste zum Geschenk gemacht!

Und wenn sie nicht gestorben sind ...

Halt! Das ist ja kein Märchen, sondern tatsächlich passiert. Und um der Wahrheit die Ehre zu geben, muss man auch sagen, dass nicht immer alles eitel Wonne und Sonnenschein ist. Bei windigem Wetter sind beide zu angespannt, um erfolgreich eine Reitstunde zu absolvieren.

Auch gab es einen unfreiwilligen Abstieg, nachdem sich Falki vor einem Traktor erschreckt hatte und Meli hatte mit schmerzhaften Prellungen zu kämpfen. Aber ihre gemeinsame Basis ist so gut, dass ihnen immer wieder Höhenflüge gelingen und jeder dem anderen ein Quell der Freude und Inspiration ist!

11
Die Heldin

Bettina Löber

Ich hatte Angst im Dunkeln,
nun aber galoppiere ich im hellen Licht über die
Wiese des Vertrauens.

Ich darf zart sein ...
    ... mich schützt mein Urvertrauen.

Wie könnte jemals ein Mensch das Leben
kontrollieren,
    ... sprühende, funkelnde ...
    ... das Universum erfüllende Kreativität des Seins ...
in überschaubare Formen pressen?

Kleine Mädchen verlieren ihr Urvertrauen
in der Angst vor den Strukturen-Kategorien-
Maßstäben-Normen unserer heutigen Welt.

Sie können sich nicht mehr spüren,
weil man ihnen beibringt,
dass es das Unsichtbare nicht gibt.
Wie kann ich überleben, wenn ich „falsch" bin?
So habe ich Anpassung gelernt.
Leistung, Funktionieren
ohne Träume-Sehnsucht-Verbindung ...
*   ... Liebe ...*
Einsamkeit.

Und jetzt erwacht die Welt in den Frauen.
Die Angst vor dem Dunkel weicht
und das Unsichtbare wird spürbar – schließlich
sichtbar.

Frauen bahnen neue Wege.

Zuerst zu sich selbst ...
*   ... lang verlorenes inneres Schauen und Fühlen ...*

Einssein in der Seele
*   ... fließende Kraft und Schönheit ...*

Frauen und Pferde heilen die Wunden der Erde
und der Menschen.
Sie machen sich auf den Weg ...
sie lösen sich aus den
Strukturen-Kategorien-Maßstäben-Normen
der gewohnten Welt.

Sie umarmen das Unsichtbare.
Ihre tiefe wärmende liebende Kraft
beginnt zu fließen.
Die Herzen zu berühren.
Tränen fließen in Strömen und heilen
die schmerzenden Seelen.
Tränen spülen die Trümmer der alten Mauern
mit sich fort.

Die Kraft der erwachenden Frauen
ist in Harmonie
mit den Energien der Pferde.
Überwindung der Raubtier – allein gegen alle –
Muster ...
das Wagnis eines Neubeginns in ruhiger,
auch bewegter Verwandlung:

Frühjahrs-Erwachen ... Sommerhitze ...
Herbststurm ... Winterruhe ...
alles ist willkommen, alles ist gut!

Alles ist lebendig.

Frau im Aufbruch.

ༀ

Irgendwann vor vielen Jahren habe ich einmal gehört, dass im alten Indien die Menschen, wenn sie sieben mal sieben, also neunundvierzig Jahre gelebt hatten, sich aus dem äußeren, aktiven Geschehen zurückzogen und in einen nach innen gerichteten Lebenszustand übergingen. Zu dieser Idee war sofort Resonanz da, und ich habe es nie wieder vergessen. Ich wusste in dem Moment, dass bei mir der Übergang in das fünfzigste Lebensjahr etwas Besonderes sein würde.

Und es hat sich bewahrheitet – mit neunundvierzig Jahren habe ich die Dinge verloren, die bis dahin mein äußeres Leben strukturiert und mir Halt gegeben hatten. Meine spirituelle Gemeinschaft und meine Ehe. Aber ich hatte bereits etwas noch viel Wichtigeres verloren: mich selbst.

Mit meinem fünfzigsten Lebensjahr begann eine Heldenreise, die mich über drei Jahre lang durch tiefe Täler, aber auch auf wunderbare, lange verlorene oder nie gekannte Gipfel der Glückseligkeit führen sollte.

„Folge deiner Glückseligkeit!" – das ist der Ruf zur Heldenreise. Es ist vielleicht kein Spaziergang, und ohne die archetypische Kraft des Helden in uns würden wir wohl lieber zu Hause bleiben. Aber eins ist sicher: Wer diesem Seelenruf folgt, wird am Ende seiner Tage auf die großartigste, spannendste und reichste Geschichte zurückblicken, die je geschrieben wurde! Ich glaube, es ist ein Geschenk, diesen Ruf zu empfangen und zu hören. Er schenkt uns die Energie und den Mut, uns wieder und wieder zu verwandeln und das *Jetzt* zu durchwandern, so wie es sich uns darbietet.

In diesem Beitrag geht es mal ganz absichtlich um *die* Held*in*. Er ist den Frauen im Aufbruch gewidmet. Frauen, die den Mut aufbringen, die bisherigen Sicherheiten und Bindungen aufzugeben, wenn das ihr Ruf ist, und entschlossen auf die Reise zu gehen – auf die Reise in ihr inneres Selbst. Wir leben heute in einer Welt im Aufbruch. Gott sei Dank – ! – sind die festen Strukturen ins Wanken geraten, die im zwanzigsten Jahrhundert unser Bewusstsein auf das Materielle gerichtet haben. Männliche Strukturen, in denen Leistung, Hierarchien und dieses ganze Bündel aus *rational-beweisbar-kategorisch-normierter* Weltsicht den Zugang zum geheimnisvollen Weiblichen versperrten, sodass bereits die kleinen Mädchen ihre farbige Innenwelt verloren. Allzu lange ist unsere Erdengemeinschaft – zumindest hier im Westen – nur auf einem Bein vorangehumpelt. So viele Frauen spüren heute, dass ihre Weisheit, ihre heilende Kraft und ihre Hingabe an die Gemeinschaft dringend benötigt werden. Aber wir sind geprägt ... heute haben auch wir Frauen oft Angst vor dem Dunkeln, vor den weiblichen oft chaotisch fließenden Kräften, die darauf warten, Gestalt anzunehmen. Heute sind die meisten Frauen abgeschnitten von den energetischen Welten, in denen sie zu Hause sind – abgeschnitten von der, die sie wirklich sind.

Ich habe erlebt, wie eine dreijährige Heldenreise mich aus tiefer innerer Not und Selbstverlorenheit zu einer glücklichen und selbstbewussten Frau gemacht hat, die ihre Berufung kennt und die Kraft dazu aus ihrer Mitte empfängt. Noch wandert Krankheit durch meinen Körper, so vieles hat sich in einigen seiner verborgenen Winkel abgelagert und muss erlöst werden. Aber gerade dies war ja auch eine der übelsten Folgen der Selbstentfremdung, die als Mädchen begann und erst mit neunundvierzig Jahren ein Ende fand: der Verlust des Körpers mit all seinen Wahrnehmungen, Gefühlen und Botschaften.

Meine erste Heldenreise in elf Schritten habe ich nach dem Buch „Auf den Flügeln der Pferde" von Ulrike Dietmann gemacht und mich Schritt für Schritt durch die Kapitel und Wegweisungen, die in ihm gegeben werden, hindurchgearbeitet. Der erste Schritt – *Wer bin ich?* – fand mich als ziemliches Häufchen Elend. Dazu habe ich damals geschrieben:

> *„Ich bin eine Frau auf der Suche nach ihrer Kraft. Ich bin eine Frau in den Wechseljahren und in Scheidung. Ich bin eine Frau, die dabei ist, viele alte Fesseln abzustreifen. Ich bin ein Mensch mit dem tiefen Wunsch, meine Lebensbestimmung zu erfüllen. Ich bin ein Lebewesen in tiefer Verbundenheit zu allen anderen Wesen – Tieren, Pflanzen, der Erde – und Menschen? Ich bin eine verletzte Frau, so wie Liberty eine Stute ist, die Verletzung spiegelt (und nicht nur meine!). Ich bin ein Mensch, der viele Tränen vergießt (und nicht nur meine!). Ich bin eine Frau, die der Welt ihre Liebe schenken möchte, aber Angst hat ..."*

Nach Jahrhunderten, in denen weltliche und spirituelle Wege von Männern vorgegeben wurden, erleben wir jetzt, wie die Frauen erwachen. Jetzt wird Erkenntnis umgewandelt in Erfahrung. Vor Jahrtausenden lebten die Völker im zyklischen Weltbild der Matriarchate. Heute regiert in unseren Köpfen das lineare Fortschrittsdenken der letzten zweitausend Jahre. Und nun beginnt wieder eine neue Zeit: Linie und Kreis fügen sich zusammen und bilden die Spirale, die in sanften, aber zugleich kraftvollen Schwingungen Erde und Himmel verbindet und das Bewusstsein in neue Dimensionen führt.

Auch die Heldin hat – wie alle Archetypen – ihre Schattenseite. Sie kennt zum Beispiel den falschen Heldinnenmut und bildet sich ein, sich für das Gute aufopfern zu müssen. Ihre natürliche Abneigung gegen Alleingänge führt sie, wenn sie nicht aufpasst, in Abhängigkeiten. Hingabe, Liebe und Sehnsucht können sie dazu führen, all ihre schützenden Grenzen fallen zu lassen und auf fatale Weise zu vergessen, dass sie hier in einer Welt der Zweiheit und der Trennung lebt.

Oder sie verfängt sich im Gegenteil und wird zur gepanzerten Amazone. Dann verliert sie die wundervolle Geschmeidigkeit und Beweglichkeit der Amazone, weil sie Freiheit und Unabhängigkeit in Abweisung und Hochmut steigert. Dann hält sie Männer für schwach und meint, sie nicht zu brauchen. Auf diese Weise kapselt sie ihre Angst vor dem Missbrauch, vor der innereigenen Schwäche ein, der Panzer soll sie schützen, aber tatsächlich stürzt er sie in tiefe Einsamkeit und Verzweiflung.

Eine Heldin braucht keinen Panzer, aber gesunde Grenzen, und gerade die hat sie oft verloren bei ihrer verzweifelten Suche nach Nähe und Gemeinschaft. Sie braucht die Sprache der Gefühle, um die Welt und sich selbst zu verstehen, und gerade die hat sie oft verlernt in unserer männlich geprägten Welt.

Das archetypische Feld der Heldin enthält andere Kräfte als das des Helden, auch wenn beide eng miteinander verbunden sind. Hier gibt es keine Schwerter, hier geht es nicht darum, für Gerechtigkeit und Wohlstand zu kämpfen. Heldinnen sind keine Retter und Befreier.

Die archetypische Heldin sucht die Gemeinschaft und ist Meisterin im Herstellen von Verbindung. Ihre Weisheit lehrt uns, kreative Energien zur Geburt zu bringen und dadurch neue Formen zu erschaffen. Hierfür ist sie bereit, alles zu erdulden und jede Reise zu durchwandern. Natürlich – wenigstens einmal soll es gesagt sein – geht es bei all diesem nicht unbedingt um Frauen im Unterschied zu Männern. Es geht um weibliche Werte und Kräfte, die genauso in Männern aktiv sein können wie in Frauen. Aber naturgemäß sind Frauen mit diesen Werten eng verbunden. Wenn sie die Reise ins innere Selbst wagen, werden sie all diese lange verborgenen Schätze finden.

Im Laufe meiner Heldenreise ist mir bewusst geworden, wie wunderbar es ist, in diesen Tagen zu leben. Überall ist Krise und Umbruch, das macht oft Angst. Aber unsere Seelen kennen keine Angst. Wenn wir lernen, immer wieder innezuhalten, tief durchzuatmen und ganz im Augenblick aufzugehen, spüren wir diese tiefe Glückseligkeit, die bereits ankündigt, dass etwas Neues geboren wird. Frauen ist es gegeben, die Last des heranwachsenden neuen Kindes zu tragen und es zu nähren, schon lange bevor es geboren wird. Frauen fühlen das neue Leben, das *Sein* im *Werden*. Es sind diese Qualitäten, die heute das schwache Geschlecht in großer Stärke hervortreten lassen, um zuversichtlich den werdenden neuen Welten entgegenzugehen.

12
Der Entdecker

Bernhard Zeller

Der Entdecker ist ein von Natur aus neugieriger Mensch.
Alles Unbekannte, Verborgene oder auch Ungewisse zieht ihn magisch an. Gerne unternimmt er Erkundungsreisen, um seine Neugierde zu befriedigen. Dabei spielt es keine Rolle, ob er dazu Ausflüge in der materiellen Welt unternimmt oder ihn die Reise in innere Seelenlandschaften führt. Im Gegensatz zum „Forscher", der sich oft über einen längeren Zeitraum mit einer Sache intensiv beschäftigt und diese von allen Seiten möglichst genau untersucht, erstreckt sich das Hauptinteresse des Entdeckers auf das Erkunden eines ihm unbekannten Terrains. Es geht um das Auf- und Entdecken verborgener Dinge, nicht um deren genaue Erforschung.

Großen Spaß hat der Entdecker zum Beispiel am Aufstöbern eines Osternestes, das der „Osterhase" versteckt hat. Er ist aber im Weiteren nicht daran interessiert, die genaue Zusammensetzung der Schokoladeneier herauszufinden. Es kann sogar passieren, dass er die Leckereien gar nicht verspeist, sondern sich lieber sofort auf die Suche nach einem neuen Nest macht. Auch ob es den Osterhasen wirklich gibt, ist ihm dabei ziemlich egal. Hauptsache, es gibt etwas zu entdecken.

Für seine Tätigkeiten benötigt der Entdecker Mut.
Den hat er reichlich, was ihn befähigt, in Gebiete vorzustoßen, die anderen verborgen bleiben. Einen gewissen „Thrill" und etwas Abenteuer möchte er schon verspüren bei seinem Tun. Als Salz in der Suppe sozusagen. Allzu fade und einfache Exkursionen langweilen ihn schnell, und er verliert das Interesse. Allerdings kann ihn ein Zuviel an Mut oder besser gesagt an blindem Draufgängertum in Situationen bringen, die ihm dann über den Kopf wachsen. Der Pfad, auf dem er voller Enthusiasmus vorwärts gestürmt ist, endet so mitunter in einer Sackgasse oder einem unüberwindlichen Hindernis. Was ihn nicht davon abhält, das Ganze als wertvolle Erfahrung zu verbuchen, zurückzugehen und nach einer anderen Möglichkeit zu suchen, die ihn zum Ziel führt. Denn Aufgeben ist nicht seine Sache, Rückschläge passieren und gehören dazu. Alles ist besser, als es gar nicht erst zu versuchen oder allzu lange in Überlegungen zu verharren. Eine harmlose und mitunter sehr spannende Variante des unfreiwilligen Entdeckens ist zum Beispiel das Losfahren mit dem Auto zu einem Ziel, zu dem er den Weg nicht genau kennt. Da genaues und somit langes Studieren der Straßenkarten im Vorfeld nicht unbedingt zu den Stärken des Entdeckers zählt, fährt er erst einmal los. Verfranst er sich dabei im Großstadtdschungel hoffnungslos, lernt er

ganz nebenbei neue Stadtviertel, Restaurants, Sehens-würdigkeiten und Einbahnstraßen kennen, die er sonst niemals „entdeckt" hätte.

Der Entdecker ist oft ein Einzelgänger.

Um etwas Neues zu entdecken, muss er sein bisheriges Umfeld verlassen und damit Vertrautes und Gewohntes hinter sich lassen. Das gilt auch für Meinungen, Über-zeugungen und Glaubenssätze. Dazu gehört die Fähigkeit, sich selbst immer wieder in Frage zu stellen. Nicht viele Menschen haben den Mut, neue Wege zu gehen, sowohl geistig als auch materiell. Gefährten, die ihm auf sei-nem Weg folgen, gibt es wohl, doch voran geht meist nur einer: der Entdecker selbst. Das heißt aber nicht automa-tisch, dass er vor Selbstsicherheit nur so strotzt und an-dere gerne anführt. Oft zweifelt er seine Entscheidungen an, insbesondere da er nie weiß, wohin die Reise führen wird und ob der gewählte Weg der richtige ist. Sein steter Begleiter ist deswegen die Unsicherheit. Doch Vertrauen in den Fluss des Lebens und darauf, dass alles in der rich-tigen Art und Weise und zum richtigen Zeitpunkt ge-schieht, hilft ihm auf seinen Entdeckungsreisen ebenso wie seine Kreativität und sein Mut.

Hinderlich auf seinen Reisen sind feste Vorstellungen.

Da es ihm immer um die *Ent-Deckung* von etwas geht, verhindern (Da)vor-Stellungen den freien Blick auf das Objekt oder sein Finden überhaupt. Die große Heraus-forderung für jeden Entdecker ist es deswegen, sich nicht von seinen Vorstellungen wie etwa Konventionen, Ängsten, Wünschen oder Konditionierungen die Sicht vernebeln zu lassen. Um etwas für ihn Unbekanntes zu entdecken, darf er keine konkrete Vorstellung von dem haben, was er zu finden hofft. Sonst wird er nur erfahren, was er schon kennt.

Das „Veröffentlichen" seiner Entdeckungen ist ihm sehr wichtig.
Ganz nach dem Motto: Geteilte Freude ist doppelte Freude. Obwohl sein ursprünglicher Antrieb erst einmal die Befriedigung seiner eigenen Neugier ist, freut es ihn ganz besonders, wenn andere von seinen Entdeckungen profitieren können. Oft ist er ein guter Geschichtenerzähler und berichtet gerne von seinen Erlebnissen. Wird er für seine Taten auch noch bewundert, ist der Gipfel der Glückseligkeit erreicht. Traurig und einsam fühlt er sich hingegen, wenn niemand sich für seine Entdeckungen interessiert. Ob er beim Ausreiten rechtzeitig einen Kaninchenbau im Feld erspäht, ein seit Generationen gehütetes Familiengeheimnis lüftet oder auf das Rezept für die ultimative Tomatensoße stößt, macht für ihn keinen Unterschied. Die spontane Freude überstrahlt alles.

In der geführten Meditation zum Schritt 1 der Heldenreise „Wer bin ich", stehe ich auf einer Wiese. Vögel zwitschern, die Sonne scheint, es ist ein traumhafter Tag. Vor mir schlängelt sich sanft ein Weg durch das Gras. Als ich den Blick in die Ferne schweifen lasse, sehe ich, dass er zu einer atemberaubend schönen Bergkette führt, die sich mit schneebedeckten Gipfeln in goldenem Sonnenschein vor mir erhebt. Ich gehe voran und stoße auf einen Bachlauf. Als ich kurz innehalte, bemerke ich zwei Gestalten, die auf einem großen flachen Stein im Bach stehen und mich offensichtlich erwarten. Ein Weiser wie „Gandalf", der mächtige Zauberer aus „Herr der Ringe", und an seiner Seite ein imposanter brauner Bär, der gerade einen Lachs mit seinen großen Pranken aus dem Bach fischt.

Ich erkenne die beiden sofort als meinen „spirituellen Meister" und mein „Krafttier". Sie begleiten mich durchs Leben und stehen mir stets hilfsbereit und weise zur Seite.

Da dies eine Meditation zur Frage „Wer bin ich" ist, frage ich die beiden: Wer bin ich?

Sofort ertönt die Antwort des Meisters in mir: ein Entdecker!

Augenblicklich wird mir klar: Ja, das stimmt. Und wie! Ich fühle mich in meinem Wesen erkannt, und mein Herz scheint vor Freude zerspringen zu wollen. Endlich hat das, was ich bin und wie ich in der Welt erscheine, einen Namen: Entdecker. Sofort erklären sich so manche meiner Verhaltensweisen, Ängste und Sehnsüchte wie von selbst. Mein Bild von mir wird runder. Was für ein Unterschied! Was für eine Beruhigung!

Ich gehe los in Richtung Bergkette, um das zu tun, was es für mich zu tun gibt: etwas entdecken! Nach ein paar forschen Schritten erscheint unglaublicherweise ein Wald vor mir, der mir den Weg versperrt. Na und? Mal sehen, was sich darin verbirgt.

Wie spannend.

13
Maria Magdalena

Meine Lehrerin und Gefährtin auf dem

Weg zur Selbstliebe und Allliebe

Sonja Maria Nowak

Der Archetyp Maria Magdalena verkörpert die bedingungslose Liebe. Liebe dich selbst, alle Lebewesen und jede Situation – unabhängig von der äußeren Erscheinung.

In den Evangelien wird Maria Magdalena nie ausdrücklich eine Hure oder eine Sünderin genannt, doch Frauenhasser bezeichnen sie so. Nichtsdestotrotz übersieht Maria Magdalena diese üble Nachrede, vergibt alles und verströmt eine süße, wundervolle Energie. In den Evangelien wird beschrieben, wie sie Jesus die Füße wusch, Zeugin seines Todes war, und dass er ihr als einer der Ersten nach seiner Auferstehung erschien. Es gibt Kontroversen darüber, ob sie vielleicht auch andere Rollen gespielt hat, zum Beispiel als Jesu Braut, als Tempelpriesterin oder als Jüngerin. Sie ist diejenige in mir, die ich um Hilfe und Unterstützung bitte bei Vergebung und wenn ich mein Herz für mehr Liebe und bedingungslose Liebe öffnen möchte.

Ihre Botschaft ist: Ich bin nicht das, wofür mich viele Menschen halten, doch um das zu widerlegen, müsste ich mich auf eine unangenehm niedere Ebene begeben. Ich bin eins mit dem Göttlichen, genau wie du, und hier halte ich mich auf. Das menschliche Geschwätz, das Verurteilen und das Chaos sind einfach nur niedere Ebenen. Ich habe gewählt, meine Arbeit von einer höheren Bewusstseinsebene aus zu verrichten, auf der einzig die Liebe herrscht. Von hier aus kann am meisten Gutes getan werden und ich empfehle dir dringend, desgleichen zu tun. Wo dein Bewusstsein ist, da bist auch du. Konzentriere dich also auf das Reine und Gute, das du in anderen erkennen kannst, und erhebe dich über alle äußere Erscheinung.

Für mich bedeutet das, mich nicht mehr darum zu kümmern, was andere denken oder sagen, oder wie man „zu sein hat", sondern egal wie die Situationen im Außen sind, mit Liebe zu heilen, Liebe zu denen zu senden, die mich verletzt oder falsch beurteilt haben. Mir selbst zu vergeben für das, was ich glaube getan oder unterlassen zu haben. Alles loszulassen, was ich anderen und mir selbst nicht vergeben konnte, damit ich heilen, mich weiter entwickeln und „ganz werden" kann, zu meinem Wohle und zum Wohle aller Lebewesen.

Es heißt für mich auch, durch Liebe wieder in die Einheit, in den inneren Frieden und zu Harmonie zu gelangen. Das tiefe Bedürfnis mit mir selbst, anderen Menschen, der Natur und Gott in Harmonie leben. Mich mit meinem hohen Selbst und mit der Quelle allen Seins zu verbinden.

Da wir mit jedem Gedanken und jedem Wort unsere Zukunft kreieren, und ja nicht nur unsere, da alles mit allem verbunden ist, Gedanken und Worte auch alles andere Leben berühren, wünsche ich mir, wirklich zutiefst in Liebe und Mitgefühl zu sein und zu handeln und damit als Mitschöpfer zu einem harmonischen, liebevollen und wertschätzenden Dasein beitragen zu können. Gedanken und Worte der Liebe und Vergebung erhöhen die Schwingung. Gedanken des Bewertens und des Verurteilens setzen die Schwingung herab.

Das Leben schickt mir auch immer wieder Begegnungen und Situationen, in denen ich es wirklich fühlen darf. Eine davon war mit meiner arabischen Windbraut, Safeerah. Ich habe sie von der Weide geholt, sie hat ein paar Mal versucht, mich zu überholen, vielleicht einfach nur, weil sie schnell weg wollte, die Insekten waren unerträglich, oder aber, sie ist noch jung und wir lernen zusammen, vielleicht auch, weil ich nicht präsent war und sie mir nicht genug vertrauen konnte. Mein Ego konnte das nicht annehmen, es kamen Überlegungen wie – das geht nicht, das darf nicht sein. Ich habe sie dann stehen lassen und auch rückwärts gerichtet. Dann, immer noch im „Chef sein", habe ich sie in die Box gestellt und ihr Futter gegeben. Als ich wieder rein kam stand sie einfach nur da, ich hatte das Gefühl, traurig, und mir tat das unendlich leid. Ich hab mich dann ganz nah zu ihr gestellt und hatte wirklich dieses Gefühl der grenzenlosen Liebe, vielleicht kitschig, aber wirklich, das Herz floss über und wir standen einfach nur eine ganz Weile Stirn an Stirn da, und dieses Gefühl war unbeschreiblich, grenzenlos und ohne irgendeinen Anspruch. Dass ich dieses Geschenk bekommen habe und das spüren durfte, macht mich glücklich und dankbar, und ich wünsche mir, diese bedingungslose Liebe, denn das war es in diesem Moment, mehr in mein Leben zu integrieren. Kein Anspruch, keine Bedingungen, einfach mit dem gehen was ist und es annehmen, lieben und achten. Demut und Hingabe. Puh, das ist der „Meisterkurs", aber ich tue mein Bestes.

Mein eigenes Vaterthema ist unter dem Aspekt, bedingungslose Liebe wirklich leben können, auch nochmal ganz stark da. Mein Vater ist im Oktober 2014 gestorben, einen Tag, bevor ich in den Schwarzwald gefahren bin als Co-Trainerin zum Workshop „Reise in die innere Wildnis". Damit war klar, ich kann nicht auf die Beerdigung gehen. Mein Gefühl war, wenn Heilung zwischen uns geschehen kann, dann zusammen mit den Pferden und in der Energie, die in unseren Kursen da ist. Mir war jedoch auch klar, dass viele im Dorf und vor allem auch seine zweite Frau diese Gelegenheit nutzen würden, um sich, wie schon so oft, über mich „den Mund zu zerreißen". Ich habe es hinterher auch erfahren, es war so, Aussagen wie „Sonja kommt nicht, sie hat was Besseres vor" oder „das wird sie irgendwann bereuen" wurden dort getroffen. Es tut weh, von Menschen, die mich gar nicht wirklich kennen, so be- und verurteilt zu werden, und dennoch, es war die einzig richtige Entscheidung, meinem Herzen zu folgen. Die Momente, die ich mit der Seele meines Vaters während einer Meditation in der Herde zusammen mit Ulrike und den Teilnehmern hatte, waren unbeschreiblich, erfüllt von einem tiefen Frieden, stillem Glück, einer

Liebe, die ganz still und leise war, es hätte keinen schöneren Abschied geben können, es ist etwas geheilt, bei ihm und bei mir. Ich bin dankbar, dass ich auf mein Gefühl gehört habe und auch Vertrauen in die Botschaft von Maria Magdalena hatte. Dadurch konnte ich diese Momente mit ihm erleben, die wir im Leben nie hatten, aber daran, dass es heil werden darf, glaube ich und lasse mich weiter ein.

Da spüre ich immer wieder, dass ich an meine Grenzen komme, der Wunsch, die Sehnsucht nach der bedingungslosen Liebe sind spürbar, und ich wünsche mir, diese Liebe leben zu können. Andererseits fühle ich, dass ich auf dem Weg dorthin bin, dies aber noch nicht ganz integriert habe oder erst noch die bedingungslose Selbstliebe weiter *wachsen* darf, um dann damit *weitergehen* zu können .

Je weiter ich hinter die Kulissen des Äußeren blicken kann, umso mehr müsste es möglich sein, das „Ich bin die, die ich bin" zu leben, ich hoffe, mein Gefühl hierzu ist richtig, und ich hoffe, auf dem Weg dorthin zu sein.

Kann ich, wenn ich mich weiter auf Maria Magdalena einlassen kann, die Geheimnisse der Schöpfung besser verstehen, die besondere Rolle, die wir Menschen hierin spielen? Wer sind wir wirklich? Warum sind wir hier? Wie können das Weibliche und das Männliche sich versöhnen und wieder ganz werden?

Ich werde mich weiterhin in Hingabe und Demut üben und sehen, was daraus weiter entstehen darf. Ich freue mich darauf und bin neugierig und gespannt, was kommen wird.

14
Das Innere Kind

Andrea O'Neill

Für mich ist das innere Kind immer gegenwärtig. Diesen Aspekt der Seele kenne ich am längsten, und er ist mein innerer Freund. Es kommt mir so vor, als ob die Seele, je nach Alter und Erfahrung, nach und nach immer wieder einen neuen Aspekt dazugenommen hat. Aber das innere Kind war schon da!

Wenn zum Beispiel das Leben ein wenig verworren scheint, kann ich mich sehr gut mit dem Kind verbinden, und das gibt mir die nötige Freiheit, mich mit diesen Dingen zu beschäftigen und das Ganze nicht als erdrückenden Ernst zu betrachten. Das innere Kind hilft mir auch, Neues auszuprobieren. Es ist neugierig, verspielt und sieht viele Möglichkeiten. Das innere Kind hat kein klares Ziel. In meinem Fall ist es sehr erkundungsfreudig. Ich liebte es als Kind, stundenlang die nähere Umgebung zu erkunden. Ohne genau zu wissen, nach was ich Ausschau hielt. Immer in irgendeinem Bach oder auf einem Baum, bei ausgedehnten Spaziergängen mit den Hunden. Diese Zeit ist für mich heute wie ein riesiger

Schatz, den ich gerne wieder vermehrt aktivieren möchte. Meine Neugier bringt mich immer wieder in neue Gefilde, die der Beobachterin und der alten Weisen in mir von großem Nutzen sind.

Die Unbeschwertheit, das Eins-Sein mit allem, was man gerade macht, und das Aufgehobensein sind Eigenschaften und Werte, die sich heute mit einem anderen Bewusstsein wieder ganz stark melden.

Meine Zeit als Kind war für mich sehr glücklich. Ich ging nicht so gerne zur Schule, da ich dort am Platz sitzen musste und ich nicht in der Natur sein konnte. Ich hatte immer einen Fensterplatz. Was ich immer noch weiß, ist, dass ich in der dritten Primarklasse beschlossen hatte, nicht mehr zur Schule zu gehen. Ich war der festen Überzeugung, dass ich wählen konnte! Und da ich nun schreiben und lesen und rechnen konnte, sah ich keine Notwendigkeit, weiter zur Schule zu gehen. Ich war sehr enttäuscht, als meine Vorhaben nicht verstanden und umgesetzt wurden. Wer hätte gedacht, dass ich noch fast zwanzig Jahre die Schule besuchen würde. Diese vielleicht naive Einstellung ist so bleibend, dass ich mich bei all dem Wissen in der Welt immer wieder auf den Standpunkt dieses Mädchens stelle: Wissen allein genügt nicht. Es kann helfen oder auch nicht, etwas zu verstehen.

Eine ganz schöne Eigenschaft meines Kindes ist die Fantasie. Und die Lust oder Unlust. Ich liebte es, mir Geschichten auszudenken und sie dann zu spielen. Ich holte meine Ideen von irgendwo, sie waren einfach da. Ich las nicht gerne, da mich die Geschichten von anderen langweilten. Außer wenn meine beste Freundin mir ihre gelesenen Geschichten erzählte, die immer von Tieren und Kindern handelten. Jeder Tag war ein Abenteuer.

Eines der schönsten Gefühle war, mich am Abend, nach der Rückkehr von der Tagesheldenreise, wohlig müde und zufrieden zu entspannen und den Tag ausklingen zu lassen. Dieses Gefühl habe ich später vermisst, als sich bei mir, immer wenn es Abend wurde, all meine Sorgen und Ängste breitmachten und ich mich schlecht entspannen konnte. Ich habe alle möglichen äußerlichen Anstrengungen unternommen wie schön kochen, Spazierengehen am Abend oder gute Gespräche. Aber es wollte nicht ganz gelingen. Die Anspannung des Tages fiel erst ab, wenn ich mich zu Bett begab.

Nun, seit meiner Ausbildung zur Hero's Journey Instruktorin, ist mir aufgefallen, dass ein Teil von mir nicht zur Ruhe gehen möchte. Für mich ist es der Jäger, der in den Abendstunden nochmals aktiv wird. Er versucht, mich zur Jagd zu bewegen. Auch unsere Raubtiere, sowohl Hunde als auch Katzen, werden in der Dämmerung nochmals aktiv. Seitdem ich dieses Verhalten erkannt habe, kann ich meiner Jägerin erklären, dass wir genug Ressourcen haben, und sie legt sich müde und wohlig in mir nieder ... Ich bin so froh über diesen Trick! Gelingt aber schlecht an Krieger-Tagen ...

Mein inneres Kind hat sich jedoch auch sehr trotzig gezeigt. Es weiß genau, was es mag und was nicht. Und wenn es sich seiner Ressourcen beraubt fühlt, kommen da schon Widerstände. Dem Übergang in die Erwachsenenwelt hat es sich ganz schön entgegengestellt. Ich hatte damals das Gefühl, schon sehr erwachsen zu sein, und tat auch so. Doch im Inneren war ich noch ein kleines Mädchen, das auf den Bäumen sitzen wollte. Da hat der Verstand klar mit diesen Sentimentalitäten aufgeräumt. Es kamen die Jahre des Verstandes, Ausbildung und Beruf. Doch ich habe mir gerade vor Kurzem eingestanden, dass ich mich durch dieses Kind manchmal selbst zum Opfer mache. Ich mache Dinge, nur damit ich geliebt werde und damit ich keine Verantwortung übernehmen muss. Dieser Teil von mir ist auch schnell gekränkt, nimmt alles persönlich und will keine andere Meinung hören.

Ich hatte eine Kindheit mit magischen Augenblicken. Meine starken und bleibenden Erinnerungen sind, wie ich mit der Natur gelebt habe und wie ich, bevor ich in den Kindergarten ging, Naturwesen gesehen habe. Ich spielte stundenlang und fühlte mich nie alleine, da ich immer in Gesellschaft war von der Natur. Meine menschlichen Freunde suchte ich nach dem Attribut „tierlieb" aus, da ich sonst nicht viel Gemeinsames hatte mit den anderen Kindern. Ich hatte meistens nur eine Freundin oder keine. Ich wollte mir meine Welt nicht mit sozialen Spielen nehmen lassen. Irgendwie war ich wohl etwas eigen, aber für mich war das okay.

Wir waren fünf Kinder, und ich war und bin die mittlere. Unsere Eltern standen uns jedem ein eigenes Zimmer zu, was damals ein Privileg war. Ich habe einen älteren Bruder, eine ältere Schwester und zwei jüngere Brüder. Bei uns herrschte oft Kinder-Kriegszustand. Jeder buhlte um seine Rechte. Und da war ziemlich schnell klar, dass eine Hierarchie entstand. Ich hatte mir eine Strategie der Vermittlung angeeignet. Für mich war aber klar, wenn ich ein Junge wäre, hätte ich mehr Chancen. Ich bin mir nicht mehr ganz sicher, wie das begann, Fakt ist jedoch, dass ich eigentlich immer ein Junge sein wollte. Ich kleidete mich so, und ich verhielt mich auch so. Schon im Kindergarten sagte die Lehrerin: „Ich weiß nicht, was du bist, ein Mädchen und ein Junge."

Meine Art war sehr androgyn. Als dann die Hormone kamen, war ich total unglücklich, damit hatte ich mich nicht befassen wollen. Mir gefiel die leichte drahtige Bewegung, und ich konnte mit den fraulichen Formen gar nichts anfangen. Eine Diva gab's schon, meine Schwester, und die duldete nichts neben sich. Ich war gut in den Naturwissenschaften, und das weibliche Geheul jeweils vor den Prüfungen ließ mich kalt. Diese Rolle setzte sich bei der Wahl des Studiums fort. Ich wollte auch ein eher männerlastiges Studium wählen. Ich fühlte mich wohl, musste mich nicht verstellen. Also denke ich, dass mein inneres Kind nicht wirklich auf Mädchen zugeschnitten war.

Der Zugang zur Frau kam spät. Ein wenig mit der Geburt unserer Tochter und dann nach und nach mit ihrem Größerwerden kamen diese Aspekte in mein Leben. Der Zugang zur Großen Göttin hat meinem inneren Kind wieder ein Zuhause gegeben. Und dadurch, dass ich das Kind nicht nur durch meine Tochter auslebe, stehen mir seine Fähigkeiten nun wieder zur Verfügung.

CR&O

Zwei Monate später: In letzter Zeit macht sich das innere Kind in mir als Leichtigkeit bemerkbar. Ich habe durch die Heldenreisen herausgefunden, dass ich die Leichtigkeit bisher schwer annehmen konnte. Nun bin ich mit ihr unterwegs und spüre, dass sie für mich überlebenswichtig ist. Sie heilt und lässt mich meinen Weg gehen, ohne in Sorgen und Ängsten zu ersticken.

Essenz: Neugier und Klarheit. Nicht zu weit weg suchen.

15
Krafttier Schlange – Wandle dich!

Ulrike Dietmann

Krafttier Schlange – seine Schlangenenergie & die Schlange-Krafttier-Medizin.
Wie stark ist deine Schlangen*energie*?

Der Schlangen-Energie-Check:
Bevor du diesen Artikel liest, mache bitte den Schlangen-*Energie*-Check, um deine Schlangen-*Energie* zu spüren.

- ○ Ich bin neugierig aus alles Neue und Aktuelle.
- ○ Es ist nicht leicht, Altes loszulassen, denn ich erlebe alles intensiv und bin sehr verbunden.
- ○ Der Wandel ist eine Kraft, die mich trägt und stets überrascht.
- ○ Ich kann mich dem Leben ganz hingeben.
- ○ Ich habe schon öfters erlebt, dass etwas überraschend Neues kommt, wenn ich das Alte loslasse.
- ○ Ich weiß, dass die Wandlung die Urkraft aller Dinge ist.

○   Ich habe schon erlebt, wie ich spontan gesund wurde, entgegen der allgemeinen Erwartung.
○   Ich erlebe die Wandlungskraft als etwas sehr Erfrischendes und Heilsames.
○   Ich lasse mich auf das Unbekannte ein und vertraue.

Bloß nichts Neues!
Vor zwei Tagen bin ich umgezogen. Das Licht ist zu hell, der Raum ist zu groß, der Lärm zu bunt. Nichts passt. Wie soll ich einen Text über Schlangen-Medizin schreiben, wenn mir alles fehlt, was ich zum Schreiben brauche? Nämlich: Das GEWOHNTE! So geht es nicht.

Ich will wieder alles so haben, wie es war! ... Beschwert sich eine Stimme in mir ...

Fühlt sich so eine Schlange, die sich häutet? Tiere gehen leichter mit dem Wandel um als wir Menschen der westlichen Zivilisation, die wir an unseren Dingen und Gewohnheiten hängen. Mein Kater Sammy saß einen ganzen Tag lang wie eingefroren am selben Fleck. Dann erwachte er zu neuem Leben. Meine Katze Mia war neugierig auf all die neuen Gerüche, Ecken und Höhlen. Für sie war der Umzug ein großes Abenteuer.

Wandel geschieht ununterbrochen
Große und kleine Übergänge und Wandlungen, die Schlange erinnert uns daran, dass wir dauernd in irgendeinem Wandel stecken. Wir werden älter, plötzlich steht ein Problem vor unserer Tür, oder wir machen gerade eine großartige Erfindung, und wenn wir selbst nichts Neues in die Welt bringen, dann bringt die Welt irgendeine erfreuliche oder unerfreuliche Neuigkeit.

Innerlich wachsen

Jede und jeder von uns hat seine eigene Art, mit dem Wandel umzugehen. Aber jeden von uns bringt er in einen Zwiespalt: Ein Teil von uns möchte am Alten festhalten. Wir möchten die Traurigkeit des Abschieds vermeiden. Ein anderer Teil ist neugierig, sucht das Abenteuer und blickt nicht zurück. Die Schlange erinnert uns daran, den Wandel bewusst zu begehen. Was in unserer Seele unbewusst passiert, wird in der Häutung der Schlange sichtbar.

Gift in Medizin verwandeln

Schlangenbisse können tödlich sein. Ein Teil von uns stirbt, wenn wir uns wandeln. Das Wesen der Wandlung ist Transformation. Wir finden Zugang zu einer neuen Ebene des Bewusstseins und der Kraft, zu ungeahntem Potenzial. Dazu müssen wir die alte Haut abwerfen und darauf vertrauen, dass eine neue wächst. Es ist ein natürlicher Vorgang. Alles, was wir beitragen müssen, ist das Bewusstsein. Dann verwandelt sich das, was uns bedrohlich erschien, in eine Vielfalt von neuen Möglichkeiten.

Viele unserer Lebensprobleme, Krankheiten eingeschlossen, lassen sich auflösen durch einen tiefgreifenden Wandel. Der Wandel bringt Schmerz mit sich und Trauer, Widerstand und Opfer. Die Schlangenmedizin lehrt uns, dass wir auf die Kraft der Transformation vertrauen dürfen. Wenn wir den Widerstand loslassen, wenn wir die Anhaftung loslassen ... wenn wir uns hingeben – an das Leben.

Drei Dinge – heute!
Finde drei Dinge, von denen du dich bewusst verabschiedest. Trenne dich noch heute von drei Dingen, die dir viel bedeuteten, aber die jetzt keinen Platz mehr haben in deinem Leben. Das können Gegenstände sein, Beziehungen oder Überzeugungen. Fühle den Schmerz der Trennung und fühle die neue Kraft, die kommt.

Übe dich in der Transformation! Häute dich! Atme den Geist der Schlange. Beobachte, wie sich die Schlange in deinem Leben zeigt.

Die Schlange sagt: *Wenn du dich nicht häutest, wirst du vom Leben gehäutet werden. Häute dich!*

16
Die Hebamme

Waltraud Schögler

Sie ist

die, die den Kindern auf die Welt verhilft,

*die, die der Mutter in ihrer verletzlichsten Zeit
zur Seite steht, sie unterstützt, motiviert,
tröstet, im Schmerz begleitet, entlastet,
ihr Hoffnung gibt und sie beschützt,*

*die, die ihr Wissen um das Wesen der Geburt in
den Dienst des Lebens stellt,*

*die, die die letzten Hindernisse für das Baby auf
dem Weg in die Welt beseitigt,*

*die, die dafür sorgt, dass das Neugeborene das
Leben annimmt, mit seinem ersten Schrei seine
Lungen füllt,
die, die dem Protest über das*

Hinausgeschobenwerden aus warmer,
dunkler Geborgenheit in die helle, kühle
Realität des Lebens mit Fürsorge begegnet,

die, die um die weiblichen Ängste und Nöte
rund um das Entstehen und Austragen neuen
Lebens weiß,

die, die dafür sorgt, dass sich Mutter und Kind
auch nach der Geburt nahe sind,

die, die Ruhe ausstrahlt und trotzdem die
vielfältigen Anforderungen während der Geburt
im Auge behält.

Fasziniert von menschlichen Übergängen, erlebt sie bei jedem Einsatz etwas Neues, sie hat keinen langweiligen Beruf.

Sie ist

trotz Emanzipation im Kontakt mit dem
Urmütterlichen,

stolz auf ihren Beruf, den es schon immer
gegeben hat,

die letzte Bastion des Matriarchats in einer
patriarchalischen Welt,

die Hüterin an der Schwelle zum Leben.

℞℟

In jedem von uns steckt dieses Potential der Hebamme, besonders wir Frauen sollten unsere Talente, Gewissheiten und unser Können wie eine fürsorgliche Hebamme begleiten und diese Verantwortung nicht an männliche Ärzte abgeben.

Vor etwa eineinhalb Jahren hatte ich plötzlich das dringende Bedürfnis, die (wahre) Geschichte von Falki (siehe „Der Flug des Falken") aufzuschreiben, an eine Veröffentlichung wagte ich nicht zu denken, abgesehen von schulischen Aufsätzen hatte ich ja noch nie eine Geschichte verfasst.

Eines Abends begann ich mit den ersten Zeilen und war mit Eifer bei der Sache. Doch am nächsten Morgen litt ich an einem Hexenschuss und konnte mich gerade so weit rühren, dass ich einen Orthopäden aufsuchen konnte, der mich wieder einrenkte. Das Schreiben hatte ich angesichts dieser Schmerzen wieder ad acta gelegt. Ein paar Wochen später erzählte ich Andrea, einer hauptberuflichen Autorin, davon. Sie sah mich lange an und meinte dann: „Vielleicht muss diese Geschichte durch Schmerzen geboren werden, damit du ihre Botschaft begreifen kannst."

Ich dachte lange darüber nach – wochenlang, monatelang – doch dann hatte ich es begriffen:

Ich brauchte Zeit, um mit der Geschichte „schwanger" zu gehen, die Sätze zu untersuchen, sie hin- und herzudrehen, bis sie sich richtig anfühlten. Ich brauchte die Geduld, um sie niederzuschreiben, dem verborgenen Schmerz nachzufühlen und den Gefühlen einen Namen zu geben. Jede Seite kostete mich Tränen, meine eigenen und die Tränen derjenigen, deren Schicksal und Schmerz ich beschrieb. Der verborgene Schmerz durfte ans Licht, ich sah ihn und er verging.

Ich war meine eigene Hebamme, motivierte mich durchzuhalten, führte mich durch die schmerzreiche Phase, ermahnte mich, in den Schmerz hineinzuatmen, ermunterte mich zum Schreiben der Worte und Gedanken und freute mich schließlich über den ersten Atemzug meiner gelungenen Geschichte. Sie war aus mir geboren, hatte Hand und Fuß und doch betrachtete ich sie – nun da sie auf der Welt war – als etwas Eigenständiges, losgelöst von mir, mit einem eigenen Schicksal. Ich würde sie nun in die Welt schicken und sie würde ihre Aufgabe, von vielen Menschen gelesen zu werden, annehmen und erfüllen. Zufrieden konnte ich mich nun nach all den Monaten zurücklehnen. Ich hatte den Menschen etwas von meinem Herzblut geschenkt.

17
Die Fischerin des Unbewussten

Hüter/in der Schwelle der unbewussten

Drachen und Dämonen

Corinne Roll

… Ungeliebtes, Integration …

… auf der eigenen inneren Suche und auch bei den anderen bestrebt, die Schatten aufzuspüren und zu integrieren …

… Selbstannahme, Ganzwerdung, Selbsterkenntnis, Heilung, Veränderung und Transformation von ungeliebten, hässlichen, peinlichen, negativen Anteilen, um gesund zu werden auf allen Ebenen …

Die negativen Seiten dieses Archetypen stehen für Masken, unverarbeitete Gefühle, die aus dem Unterbewussten in den Alltag drängen und für Missverständnisse im Umgang mit sich selbst, anderen Personen, den eigenen Bedürfnissen und in Beziehungen sorgt. Unausgeglichenheit, familiäre Verstrickungen, Kontrollverlust, Selbstmitleid, Hass, Projektionen und psychische sowie körperliche Beschwerden sind die möglichen Folgen.

Relativ früh habe ich mein Umfeld zu studieren begonnen. Zusammenhänge von psychischen-psychosomatischen Störungen und Leiden, die damit verbundenen familiären Verstrickungen erkannte ich recht schnell. Während meiner Tätigkeit als Frisörin gab es sehr viele Momente mit Kunden, in denen ich nicht nur zum Frisurenkreieren aufgesucht wurde. Intime Details aus Familiengeschichten, Partnerschaften, Ängste, Sorgen und Nöte wurden mir erzählt. Dies beschäftigte mich und regte mich an, mich mit Büchern wie „Schicksal als Chance" und „Krankheit als Weg" von Thorwald Detlefsen zu beschäftigen.

Psychosomatik, Dualität, Reinkarnation, Mikro-Kosmos / Makro-Kosmos, Schattenarbeit, positives Denken: All das interessierte mich und ich begann, Verbindungen und Verhaltensweisen zu spüren und sehen, die für manche Zustände meiner Kundschaft, eigentlichen Haarklienten, verantwortlich waren. Psychosomatische Erkrankungen konnte ich an anderen erkennen, so zog ich Rückschlüsse auf mich selbst. Wenn im Außen bei Personen die Zusammenhänge für mich sichtbar wurden, so mussten diese Gesetzmäßigkeiten auch auf mich zutreffen und anwendbar sein.

In unserer Familie gab es schon bei der Großmutter wie auch bei meiner Mutter eine körperliche, schmerzhafte Blasenschwäche.

Auch ich war betroffen von immer wiederkehrenden Blasenschmerzen und habe so manche Nacht in der warmen Badewanne verbracht. Was hatten wir gemeinsam, das sich wie ein roter Faden durch die weiblichen Familienmitglieder zog?

Das Thema der Blase

> ... *Abgrenzung, emotionale Verletzungen und das Loslassen ...*

> ... *ungeweinte Tränen, aufgrund von Verdrängung von verletzten Gefühlen.*

Eine der Antworten auf die Frage, warum Kinder Bettnässer sind. Ohnmacht, Trauer, Wut aus den Ereignissen des Tages. Ungerechtigkeiten, die einen selbst oder andere trafen, die unverarbeiteten Emotionen, die nachts ihren Lauf nehmen.

In meinem Fall wurde vom „ins Bett schwitzen" geredet. Oftmals wachte ich auf, war klitschnass, und es war für mich nicht nachvollziehbar, ob ich nun geschwitzt oder ins Bett gemacht hatte. Träume von Wasser, schwimmend oder fliegend durch die Welt, waren meine Bilder beim Erwachen. Ich hatte keine Erklärung hierfür.

Die Begeisterung meiner Eltern über dieses Malheur

hielt sich in Grenzen.

Mir war es peinlich, und doch musste ich einiges an Spott hinnehmen. Ich war elf oder gar zwölf Jahre alt, als mir das Bettnässen immer wieder mal während des Träumens passierte. In der Pubertät wurde es immer intensiver mit diesen Blasenentzündungen, auch die Regelbeschwerden ließen mich an manchen Tagen oder Nächten die warme Bettflasche oder gleich das heiße Bad nehmen.

Vom Typ her war ich wohl schon immer fein in der Wahrnehmung, doch war ich die Erstgeborene, und mein Vater hätte sich zu seiner Unterstützung lieber einen Jungen gewünscht. Ich hatte in meiner Art und Weise bis zur Teenagerzeit mehr von einem Jungen als von einem Mädchen.

Ich wollte lieber mit Jungs spielen, Fahrrad fahren und Seifenkisten bauen, Rollschuhfahren, auf Bäume klettern und Baumhäuser bauen, laufende Pferde bespringen und reiten als mit Puppen spielen.

Ich wollte hart und kämpferisch sein, um meinen eigentlich weichen Kern zu schützen.

Unbewusst versuchte ich, meinem Vater den Jungen zu ersetzen, was mir natürlich nicht wirklich gelang. Sportlich, drahtig, schnell und beweglich war ich bis zur Pubertät.

Zwischen meinen Eltern gab es recht häufig Spannungen. Meine Eltern waren nicht gerade die Idealbesetzung füreinander. Jede Menge Streit, fliegende Fernseher, Teller, Tassen und Geschrei. Nicht, weil sie sich nicht mochten, doch waren die Sichtweisen oft sehr unterschiedlich. Die gegenseitigen Erwartungen an Unterstützung, die gemeinsamen Abläufe des Alltags betreffend, wurden sehr unbefriedigend erfüllt. Die daraus entstehenden Verantwortlichkeiten in heftigen Diskussions- und Streitgesprächen waren nicht wirklich ergiebig.

Wenn ich aufstand, um zu sehen, was da los war, kam im besten Fall ein Hausschuh meines Vaters angeflogen. Im schlimmsten Fall tanzte sein Hausschuh auf meinem Po.

Heute weiß ich, dass ich zum falschen Zeitpunkt den falschen Ort aufsuchte und diese Ausbrüche weniger mir persönlich galten als der Unfähigkeit meiner Eltern, mit der Sichtweise des Partners umgehen zu können.

Die Zwistigkeiten der Eltern sorgten bei meiner Schwester für nächtliche Angst vor dem Tod, und bei mir machte sich Zukunftsangst breit, und das schon mit sechs und sieben Jahren.

Wir Kinder erzählten uns nachts unsere Sorgen und Ängste.

Heute wundert es mich nicht, dass ich eine Bettnässerin war.

Ich liebte meine Eltern, sah die Fehler, die beide machten. Schon recht früh verzweifelte ich an der Tatsache, dass sie wohl niemals ein Verständnis, beziehungsweise den Schlüssel für eine harmonische Beziehung finden würden. Der für mich im Nachhinein positive Aspekt der sprengstoffgeladenen Verbindung meiner Eltern führte zu folgendem Beschluss:

Ich will meine Mitte finden und es in meinen Beziehungen anders machen.

Meine Leidenschaft für das Lesen und Fühlen zwischen den Zeilen war dadurch geboren, und ich feilte an mir mit verschiedenen Therapieformen, auf die ich mich einließ und die ich zu erlernen suchte.

Mit Fragen an mich selbst und auch an Experten forschte ich nach Hintergründen und suchte Antworten für die Handlungsweisen der Menschen meines Umfeldes aus Freunden-Feinden-Bekannten-Kollegen-Patienten-Klienten. Aus welchem Grund handelt wer wie warum und wieso?!

Später dann kam ich mir über besagte Bücher selbst auf die Schliche. Eine homöopathische Behandlung begleitete mich aus den Schmerzen der rezidivierenden Harnwegsinfekte, die lange Zeit mit Antibiotika in Schach gehalten wurden.

Mich interessierten verschiedene Methoden wie zum Beispiel die Verhaltenstherapie. Diese Therapieform ermöglichte mir, in kleinen Schritten neue veränderte Verhaltensmuster auszuprobieren und mich aus der Verstrickung für mich unguter Beziehungen zu lösen. Ich hatte immer wieder Schwierigkeiten, bei mir zu bleiben, suchte Anlehnung bei einem Partner, der mir nicht geben konnte, was mir fehlte.

Was nicht in einem selbst angelegt ist, ist im Außen nicht zu finden ... es ist ein Resonanzgesetz.

Bei mir lief es oftmals auch nicht besser als bei meinen Eltern.

Die Muster meiner Eltern musste ich an mir selbst erst erkennen, bevor ich für mich diese Prägung ändern konnte. Mir wurde mit knapp dreißig Jahren eine psychosomatische Kur genehmigt, die ich aus Neugier und

Wissensdrang über eine homöopathische Ärztin beantragt hatte.

Dort lernte ich weitere Therapien kennen wie z. B. die Gesprächstherapie und die kreativen Möglichkeiten der Gestalttherapie. Unter anderem wurde dort auch die KBT (konzentrative Bewegungstherapie) angeboten.

Dies ist eine Therapieform, die über Körpererfahrung an innere Blockaden herankommen und Prozesse im Außen sichtbar werden lässt. Dies faszinierte mich so, dass ich eine Gruppe suchte und fand. Für ca. zwei Jahre war ich ein Teil dieser KBT Gruppe in der Nähe meines Wohnortes und konnte über diese Variante sehr vieles in mir auflösen. Offen für Möglichkeiten trieb mich „die Fischerin im Unbewussten" zu Therapien und Maßnahmen, um mich mit mir und meinem Innersten auseinanderzusetzen.

Für mich ist es etwas Selbstverständliches, sich Hilfe zu holen, Ursachenforschung zu betreiben. Dabei gehe ich folgendermaßen vor: „Ich gehe zum Bäcker, wenn ich Brot brauche".

Zum Zahnarzt, wenn der Zahn schmerzt. In Therapie, wenn die Seele drückt.

Es gab wohl auch Zeiten, in denen ich zu viel Input auf einmal hatte und dann wieder einiges an Zeit brauchte, um es für mich zu sortieren und zu verarbeiten.

Heute habe ich keine Blasenschmerzen mehr ☺. So hat sich das Auseinandersetzen mit meinen Gefühlen betreffend der Abgrenzung gegenüber anderen, sowie das Kommunizieren meiner Bedürfnisse und zu diesen zu stehen, durchlässig und authentisch zu sein, unter dem Strich gelohnt.

Mit meinen negativen Seiten bin ich bisweilen noch

ungeduldig beim Versuch, diese zu integrieren und zu verarbeiten. Vergesse dabei, dass manches einfach etwas Zeit braucht, bis es verarbeitet und umgesetzt werden kann.

Mit mir und anderen kann ich auch recht kritisch, streng, ungeduldig und intolerant sein. Wenn ich den Fehler erkannt habe, verbanne ich diesen gleich.

Ich gehe den Dingen beständig auf den Grund. Ich brauche diese Seite der Fischerin in mir, um mir selbst wie auch anderen behilflich zu sein, innerlich aufzuräumen, sich den Schatten und Dämonen zu stellen.

Die Fischerin ist eine der guten Voraussetzungen, um bei den Heldenreisen mit Pferden großartige Prozesse in Gang zu bringen.

Meine Teilnehmer haben sich bisher fast immer bedankt, dass ich bei ihren Themen meist auf der richtigen Spur war. Nicht locker ließ, bis jeder Einzelne Erkenntnisse mit nach Hause nehmen durfte, die Wandlung und Heilung möglich machen.

18

Herzfeuer (Trilogie)

Marisa Könitzer

Mein Herz steht in Flammen

Mein Herz steht in Flammen,
lichterloh und schwarz verkohlt.

Es wird nimmer wahr,
dass es sich davon je erholt.

Mein Herz steht in Flammen.

Mein Tränenmeer das Feuer nicht zu
löschen vermag.
Zu kurz war unsere Zeit.

Dein Herz schlug mit meinem,
nun bist du unendlich weit.

Mein Herz steht in Flammen,
seit jenem Tag.

Das brennende Herz

Marisa Koenitzer

Verletzte Seelen

Meine Seele verzehrt sich nach dem einen,
der Wunsch ist unendlich groß.

Wahre Liebe soll es sein,
Du für immer mein.

Geblendet von dem wundervollen Traum,
vergaß ich Zeit und Raum.

Du sollst der Retter meines Herzens sein,
Du, nur Du, ganz für mich allein.

Doch die Last, die ich Dir aufbürdete,
wog zu schwer.
Du und ich gibt es nimmer mehr.

Ich ließ meinen Tränen freien Lauf,
und glaube mir, ich dachte, es hört nie mehr auf.

Es zerriss mich und brach mir das Herz.
Doch plötzlich erkannte ich den Schmerz.

Es war der Schmerz der verletzten Seelen,
der Schmerz vergangener Jahre.

Seelenschmerz muss gefühlt werden, ist real.
Fühle ich ihn tief, voll und ganz,
zeigt er mir den Weg hinaus aus dem dunklen Tal.

Das freie Herz

Mein glühend rotes Herz,
neu geboren aus den tiefschwarzen Krusten
die es festhielten in seinem Schmerz.

Du hast Dich aus deinem Gefängnis befreit,
vor Dir liegt das wahre Leben, abenteuerlich
und weit.

Du hebst Dich empor,
spreizt Dein Gefieder,
Du traust Dich, nun vertraust Du wieder.

Wie Phoenix aus der Asche,
umgeben von goldenem Schein.
So fühlt sich das Leben an,
so pulsiert das Sein.

Ein Herz, welches keinen Schmerz kennt,
vor Angst immer weiter rennt und rennt,
solch ein Herz wird niemals die reine,
tiefe Liebe fühlen,
und nur sie schafft es,
mich so sehr aufzuwühlen.

Nun bist Du frei mein Herz,
fühlst die Liebe tief in Dir,
die Liebe,
sie macht aus dem DU ein WIR.

19
Der Krieger

Diana Krahn

Der Krieger hat die Aufgabe, etwas zu verteidigen oder etwas zu erobern. Er kann Grenzen setzen und sie notfalls auch mit der nötigen Willenskraft durchsetzen. Das wahre Ich, das Innere Kind, die eigene Integrität wird beschützt. Er wehrt sich, wenn ein Angriff von außen droht. Er ist die letzte Instanz, die vor Schaden bewahren kann, wenn alle Warnungen vorher in den Wind geschlagen wurden. Er kann die Waffen gezielt einsetzen und ist entschlossen zu töten, wenn es zum Letzten kommt. Er ist mit einer gehörigen Portion Aggressivität ausgestattet, die ihn befähigt, mutig und entschlossen vorzugehen.

Seine Reaktionen sind schnell und punktgenau, da er sich auf eine Sache mit enormer Willenskraft konzentrieren kann. Wenn er verteidigt, dann redet er nicht mehr viel. Kurz und knapp, meist sogar ohne Worte macht er klar, dass hier eine Grenze überschritten wurde.

Eine ungeheure Energie geht von solch einem entschlossenen Krieger aus. Keiner wird sich freiwillig mit ihm anlegen, wenn er nicht mit Schmerzen aus diesem

Kampf herausgehen möchte.

Der Krieger verleiht jedem Menschen Stärke und Kraft, weil er verhindert, dass man alles mit sich machen lässt. Er ist es auch, der bemerkt, wenn Mitmenschen sich durch das Hintertürchen einschleichen, mit einem Lächeln und netten Worten das Innere erobern und vernichten wollen.

Der Krieger unterstellt sich keiner weltlichen Macht. Ihm geht es nicht ums Geld oder darum, wer welche Ländereien erobern kann. Würde ist ihm das höchste Gut. Loyalität eine Selbstverständlichkeit. Er beugt sich demütig nur einer höheren reinen göttlichen Macht.

Sinnlose Kämpfe sind ihm ein Gräuel. Er ist bereit, die Kampfhandlung sofort zu beenden, wenn sein Gegenüber die Grenze anerkennt. Er ist stark und bewaffnet, aber die Waffen dienen nur der Verteidigung. Ein Sieg ist für ihn keine Aufwertung seiner selbst, sondern eine Notwendigkeit, um das wahre Ich zu schützen.

Meine Kriegerin hat mich schon mehrmals beschützt und mit ihrer entschlossenen Art fasziniert. Sie taucht immer dann auf, wenn mir etwas wirklich wichtig ist.

So zum Beispiel, als meine Hündin, die eine Seele von Hund war und alle Menschen liebte, einem Mann im Weg war, der mit dem Fahrrad vorbeifuhr. Sie belästigte ihn nicht, aber sie war ohne Leine, was manchen auf die Palme bringt. Er ging gezielt auf sie los und wollte sie treten. Ohne ihn körperlich zu attackieren, tauchte plötzlich meine Kriegerin auf. Ich bemerkte, wie ich mich aufrichtete zu einer stolzen beeindruckenden Persönlichkeit und dem Mann mit scharfer, entschlossener, aber sehr ruhiger Stimme zurief, dass er das lieber bleiben lassen sollte. Ich spürte den starken Energiestoß, der aus mir zu dem Mann flog. Ich sah, wie er zurückzuckte, als sei er gegen eine Wand gelaufen, sein Fahrrad packte und davonradelte.

Und noch ein zweites Mal ist meine imposante Kriegerin aufgetaucht:

Gleich zu Beginn meiner Tätigkeit im Veterinäramt, Bereich Tierschutz, hatte ich einen schweren Verstoß gegen das Tierschutzgesetz zu verfolgen. Eine Stute, die vor Schmerzen nicht mehr richtig stehen, geschweige denn, noch beschwerdefrei laufen konnte, wurde aus Zuchtgründen am Leben gehalten. Alles Reden, alle Aufforderungen, einen Tierarzt zu Rate zu ziehen, nützten nichts. Der Besitzer ging sogar so weit, die Stute aus dem Stall zu entfernen. Recht abenteuerlich verlief dann die Suche nach diesem Pferd. Ich fand es, ein Fachtierarzt für Pferde schaute es sich an, und wir beschlossen, es von seinem Leiden zu erlösen. Wir waren gerade dabei, das Vorhaben in die Tat umzusetzen, als der Besitzer auf den Hof kam und mich angriff. Hätte ich meiner Kriegerin nicht die Führung überlassen, wäre ich schreiend davongelaufen. Der Besitzer war zu allem entschlossen, bezeichnete mich als Kindsmörder. Es war höchste Gefahr. Die uns begleitende Polizei stand abseits von mir und bemerkte den Verlauf der Situation nicht. Ich war allein. Aber die Leiden dieser Stute, ihr Augenausdruck, ließen die Kriegerin in mir aktiv werden.

Ich spürte einen ungeheuren Energieschub, fast war es so, als ob ich gar nicht in meinem Körper wäre, volle Konzentration und eine Entschlossenheit, die unumstößlich war. Dies merkte offensichtlich auch der Besitzer, denn er hielt wenige Zentimeter vor mir abrupt an, als hätte eine Wand ihn ausgebremst, die Hand zum Schlag erhoben. Er rührte sich nicht, schaute mich ungläubig an und wurde dann von der Polizei abgeführt.

Die negative Seite des Kriegers zeigt sich mir als Soldat. Ein Soldat hat ebenfalls die Aufgabe zu verteidigen, aber im Gegensatz zum authentischen Krieger, der sich einer höheren Macht unterwirft und nur im äußersten Notfall tötet, gehorcht der Soldat einem Menschen, einer Regierung, einer Institution, und auf die eigene Person bezogen, dem falschen Selbst. Er ist dann nicht nur ein Verteidiger, sondern auch ein Angreifer. Der Grund ist eine tiefe Verletzung, verbunden mit dem Gefühl der Hilflosigkeit. Nie wieder darf so etwas passieren. Den Soldaten sieht man nie in Zivil, er ist immer kampfbereit und richtet sich nach dem Motto: Angriff ist die beste Verteidigung.

Er kann sich nie entspannen, jemand könnte ja das verletzliche weiche Innere sehen, Misstrauen ist immer gegenwärtig, in der Liebe umso mehr. Das Vertrauen in die eigene Urteilsfähigkeit und Kraft schwindet, der Soldat legt sich einen harten Panzer an, der ihn schützen soll, aber damit gibt er auch niemandem mehr die Gelegenheit, das wahre Ich dahinter zu sehen. Wehren sich innere Anteile gegen die Einkerkerung, dann fängt er auch an, die inneren Anteile zu bekämpfen. Seine Aggressivität richtet sich gegen die eigene Person. Die ständige Aufmerksamkeit, um nur ja jeden Feind zu erkennen, ist anstrengend und ermüdend. Ein Sieg bringt dem Soldaten die ersehnte Anerkennung, die Begründung für seinen Kampf. Eine Erleichterung, aber nur kurz, und schon droht der nächste Konflikt.

Da ich mir jetzt viele alte Verletzungen angeschaut habe, ist der Soldat im Moment nicht aktiv. Im Gegenteil, die Kriegerin wird immer stärker. Sie richtet sich auf und hilft mir, meine Grenzen zu verteidigen. Ihre Art ist dabei nicht immer rein kämpferischer Natur. Humor und Tricks zählen auch zu ihrem Repertoire.

20
Der Skarabäus

Morgensonne im Aufgang

Bettina Löber

Ich liebe die Sprache der Seele!
Bevor das rationale Zeitalter des Verstandes anbrach, war diese Sprache in allen Menschen lebendig. Sie war es, die alles und alle verbunden hat. Mit ihr wurden spirituelle, kulturelle und alltägliche Erfahrungen zum Ausdruck gebracht. Unzählige Bilder wurden zu Symbolen, Urbilder als Archetypen wurden zu mächtigen energetischen Feldern, und die Menschen wussten sich intuitiv mit diesen Energien und Weisheiten verbunden.

Die Sprache der Seele ist vielleicht von vielen vergessen worden, aber sie ist lebendig wie eh und je. Bilder und Gleichnisse aus dem Meer der Seele können komplexe Zusammenhänge ausdrücken, ohne dass der Verstand sich abmühen müsste, diese Zusammenhänge zu begreifen. Bevor er überhaupt anfängt, hat die innere Resonanz längst alle Fragen beantwortet, und sie erzeugt in uns

Verbundenheit mit der Schöpfung, mit der schöpferischen Kraft, mit dem Leben selbst – wenn wir es zulassen. Bei dieser Sprache müssen wir nicht langwierig Vokabeln und Grammatik lernen. Wir müssen nur zulassen, dass sie in uns erwacht und unser Inneres mit dem Außen verbindet. Dann strömen Eindrücke von Krafttieren, Archetypen und Gleichnissen in Hülle und Fülle in unser tägliches Leben. Vielleicht ist es tatsächlich heute ein bisschen wie Schwimmen lernen, um sich im unendlichen Meer der Seelenbilder wieder so wohl zu fühlen wie ein Fisch im Wasser.

Der Skarabäus ist zunächst ein etwas ungewöhnliches Krafttier. Manche kennen ihn heute als Kettenanhänger oder Glücksamulett, mitgebracht von einer Reise nach Ägypten. Zu mir kam der Skarabäus direkt aus dem Meer der Seele, und er ist zum tragenden Symbol meiner Arbeit als Hero's Journey-Trainerin geworden. Ich habe ihn gewählt, weil in ihm alles enthalten ist, was ich in meinem Leben verkörpern und weitergeben möchte. Der Skarabäus trägt die beiden Seiten des Lebens in sich: die sichtbare, körperliche und die unsichtbare Welt der Dinge, die noch nicht geboren, aber bereits im Werden sind.

Genau so fühle ich meine innere Berufung, eigentlich seit ich ein kleines Mädchen war. Bei allem was ich tue, durchlebe, durchleide und was mich begeistert, geht es um die Verbindung der Welten, um die Manifestation des noch Ungeborenen in unserer materiellen Welt. Schon als Kind habe ich die Formen, die uns umgeben, nicht als statisch und unwandelbar wahrgenommen. Formen sind lediglich der derzeitige Ausdruck von Inhalten, die das Bewusstsein irgendwann einmal für wichtig gehalten hat – so wichtig, dass sie sich manifestieren konnten. Insofern sind alle Formen austausch- und wandelbar. Im Moment erleben wir, ob uns das gefällt oder nicht, wie sich die ganze Welt alter Formen entledigt, um Raum zu schaffen für neue. Je stärker wir die alten Formen festhalten, umso abrupter und brachialer geschieht die Auflösung. Je mehr wir vertrauen und mitschwingen, umso leichter verschwindet das Alte und geht zurück dorthin, woher es einst kam, ins Ungeoffenbarte. Da die alten Ägypter noch ein anderes Weltbild hatten als unser heutiges Kollektiv, waren ihnen diese Zusammenhänge vollkommen klar, und sie haben ihr Leben darauf abgestimmt und die Wunder dieser steten Neuwerdung in der Sprache der Seele zum Ausdruck gebracht. So wurde aus dem Mistkäfer der Skarabäus als heiliger Käfer, und aus dem Skarabäus wurde Chepre, die Gottheit der Morgensonne.

Als Mistkäfer kennen wir ihn alle. Man nennt ihn auch Pillendreher, denn er quält sich unter Aufbietung all seiner Kräfte durch den Mist, um eine Kugel zu rollen. Kein erhebender Anblick ... aber die alten Ägypter wussten es besser! Sie richteten ihre Aufmerksamkeit auf das Unsichtbare, auf das Leben im Werden. Sie sahen, was er eigentlich tut. Indem er seine Eier in der warmen, dunklen und schützenden Hülle der Dungkugel ablegt, bringt er neues Leben hervor, das ans Licht kommen wird, wenn die Zeit da ist.

Der Skarabäus war im alten Ägypten eine Gottheit – Chepre, die Morgensonne im Aufgang. Statt einer Dungkugel trägt der Käfer wie in einem schöpferischen Akt die leuchtende Sonnenscheibe vor sich her und hebt sie aus der Nacht in den neuen Tag. Hierzu hat er sich von der Erde erhoben und seine Flügel entfaltet. Was für ein wunderbares Gleichnis für das Leben! Egal, was wir tun, die größte Erfüllung, das größte Glück liegt genau in diesem Moment der Verwandlung, wenn das Erahnte, Ersehnte und noch Ungeborene ins Licht des Tages tritt.

Der Skarabäus als Chepre, als Gott der Morgensonne

Gleichnisse wollen Wirklichkeit, Wahrheit zum Ausdruck bringen. Und hier ist sie, die im Skarabäus enthaltene Wahrheit: Wir selbst können in unserem Leben die Kraft des Chepre erleben. Wir können die negative Sicht auf die Mühen des Lebens verwandeln, indem wir mit dem inneren Auge sehen, was es eigentlich bedeutet, über die Erde zu krabbeln und diese riesige Mistkugel vor uns herzuschieben. Sie ist kein Selbstzweck. Sie dient dazu, unsere schöpferische Kraft aufzunehmen und zu neuen Formen heranwachsen zu lassen, wenn wir sie genügend hegen und pflegen. Das ist durchaus manchmal anstrengend und wir machen uns die Finger schmutzig. Und dann passiert auch nicht gleich etwas, zumindest nicht an der Oberfläche.

Eine der größten Hürden für uns heutige Menschen ist der Umgang mit den verborgenen Prozessen des Reifens. Wir haben unsere Wahrnehmung völlig auf die Sinne abgestimmt, wenn wir nichts sehen, hören, riechen oder schmecken, fühlen wir uns abgeschnitten und haben Angst. Aber wir können wieder lernen zu fühlen, wie es in uns, in unserem Leben arbeitet. Es gibt die Mistkäfer-Tage, an denen wir äußerlich nichts zustande bringen und uns gewohnheitsmäßig unwohl fühlen. Unser Körper ist die Mistkugel und der Ort, in dem das noch Ungeborene heranwachsen möchte. Aus dem Bewusstsein und der Seele sinkt die Idee, der Wunsch, der Traum hinab in den Körper, denn ohne ihn kann nichts geboren werden und Form annehmen. Das ist nicht immer leicht zu tragen. Es braucht Hingabe und Bereitschaft. Aber diese Phase ist nur die dunkle Seite in jedem Schöpfungsprozess.

Es ist die Nachtwanderung, die in den alten Pharaonengräbern ausführlich beschrieben wurde. Für die Menschen im alten Ägypten wurde die Sonne an jedem Morgen neu geboren. Sie nahmen nicht so sehr die Formen, sondern die Energien wahr und waren dadurch den schöpferischen Kräften viel näher. Die Sonne *wird* an jedem Morgen neu geboren, und es spielt gar keine Rolle, ob sie als Fixstern irgendwo ans Firmament gepinnt ist und unser Verstand dies weiß. Das objektive Denken schneidet uns vom innereigenen Lebensgefühl ab. Eine Meditation bei Sonnenaufgang im Urlaub verbindet uns wieder mit dem unmittelbaren Sein und Erleben.

Wenn wir die Kraft des Chepre in uns freimachen, ändert sich unser ganzes Leben! Wir entwickeln ein waches Bewusstsein für die unentrinnbare Tatsache, dass in unserer Welt alles Geschaffene und alle Geschöpfe in ständiger Verwandlung sind. Wir nehmen alles, was uns in unserem Leben passiert, als Prozess wahr. Denn auch der schönste aller Sonnenaufgänge wird sich verwandeln in den Zustand der feurig brennenden Mittagssonne, und diese wird weiterwandern bis an den Horizont, an dem die neue Nacht bereits wartet, um sie im Untergang aufzunehmen und zurückzubringen ins Ungeoffenbarte.

Dieses Verwandlungsbewusstsein war wohl der größte Schatz, den ich bei meiner Ausbildung zur Hero's Journey Trainerin gefunden habe. Dieser Schatz hat mein ganzes Leben verändert.

21
Der Humor

Andrea O'Neill

Die Faszination des Humors ist sehr vielschichtig. Der Clown versucht, mit seinem spielerischen Verhalten zu erfrischen und wiederzubeleben. Mit Humor nimmt er alles leicht, unterhält und heilt. Er bringt Licht in düstere Umstände. Der Clown kann mit seinem Wesen andere öffnen und Energien wieder sanft zum Fließen bringen. Dadurch heilt er und macht das Leben leichter. Das Lachen wirkt Wunder, und die Mitmenschen können sich so wieder auf den Lebensfluss einlassen. Das Lachen ersetzt die Kontrolle, und es hilft uns, uns für die Liebe und Gnade und die Führung des Ganzen zu öffnen. Der Clown geht auch auf Unterdrückung ein, und indem er darüber lacht, schenkt er eine neue Sichtweise der Situation. Der Clown ist mit seinem Humor und Lachen ansteckend und sprengt die Gefängnisse, die wir aufgebaut haben. Der Clown zeigt uns unsere Vorstellungen und macht uns unsere selbstgesetzten Grenzen bewusst.

Die Distanz zum Ereignis schafft die Möglichkeit, sich diesem mit Humor zu stellen.

Humor verbindet Schwäche und Stärke auf eine eigentümliche Art und Weise: Ein Lachen ist nur dann Humor, wenn es in einer Situation der Gefahr oder des Scheiterns auftritt, sich nicht gegen Dritte richtet und eine, wenn auch noch so kleine Hoffnung auf die Überwindung der Krise vermittelt. Die künstliche Verstärkung der eigenen Schwächen überwindet symbolisch das Bedrohliche der Situation. Im Humor macht man sich dümmer, als man ist, und wird dadurch stärker, als man scheint.

Sigmund Freud hat dem Humor, wie könnte es anders sein, einen Lustgewinn zugeordnet, da durch den eigenen Narzissmus die Unverletzlichkeit des ICHs beschützt wird oder triumphiert. Das ICH weigert sich, durch die Dramen der Außenwelt zu leiden, und kann ihnen sogar einen Lustgewinn entlocken.

Im Witz liegt immer eine Prise Wahrheit. Aller Humor fängt damit an, dass man die eigene Person nicht mehr zu ernst nimmt. Der Humor nimmt die Welt hin, wie sie ist, sucht sie nicht zu verbessern und zu belehren, sondern mit Weisheit zu ertragen.

Ein Mensch ohne Humor ist wie ein Haus mit immer trüben Fenstern.

Nun, wie steht es mit dem Archetypen des Humors in meinem Leben? Irgendwie hat sich dieser Archetyp richtig aufgedrängt. Jeden Tag des Schreibens kam er und klopfte an meine Hirnwände, um mich daran zu erinnern, dass er ganz bestimmt auch an die Reihe kommen möchte. Ich habe mich schon ein bisschen gewundert, denn ich gelte nicht gerade als überaus humorvoll. Aber nichtsdestotrotz bin ich der Einladung lächelnd gefolgt, und ich hatte heute einen durchaus humorvollen Tag. Ich habe mich und die Mitmenschen zum Lachen gebracht. Ich finde, dass die Reflexion über Humor schon sehr erfolgreich war. Die Auffassung von Humor in meinem Leben war entsprechend unserer verstandesmäßigen Zeit von Ironie und Zynismus geprägt. Dies waren richtige Wortschlachten. Für diese Form des Humors habe ich keinen Sinn mehr. Das Ego hatte sich wirklich sehr breit gemacht, und es verträgt überhaupt keinen Spaß. Es wird sogar wütend und fühlt sich nicht ernst genommen und sabotiert jeden Spaß und Humor mit schlechtem Gewissen.

Ja, da wäre ich nun an einem guten Punkt angelangt. Da wird nun gewühlt, was das Zeug hält.

Als ich vom ersten Epona-Workshop nach Hause gekommen bin, habe ich meiner besten Freundin gesagt, dass ich mehr Humor in meinem Leben haben möchte. Ich habe beschlossen, dass die langwierigen und schweren Diskussionen ohne Ende, ständig im Kreise drehend, Vergangenheit sein werden. Wir brauchten aber schon etwas Anlauf, um auf Touren zu kommen. Das war nicht so einfach, die Humorplatte zu aktivieren. Es glich eher einem Lachyoga-Training.

Das Training hat sich gelohnt. Meine Tochter hat mir nach einer gewissen Zeit gesagt, dass ich mich verändert hätte, und dass diese Mama ganz okay sei. Sie fragte mich dann auch, wie das kommt? Nun, ich erklärte ihr, dass ich diese Seite ein wenig vernachlässigt hatte und ich die Welt eher als streng, gerecht und ernst empfunden hatte. Mein Partner fand diese Entwicklung halb-lustig. Er wusste nicht mehr, wie er mit dieser Kursänderung umgehen wollte. Er wurde wütend, wenn ich mich über mich selber lustig machte. Oder wenn ich laut aussprach, was gerade nicht optimal lief bei mir, indem ich meine „Schwächen künstlich verdoppelte". Er verteidigte meine Person wie ein Wachhund. Ich musste irgendwie perfekt sein. Mein Partner ist immer noch mein Rest-Anticlown. Er spiegelt vielleicht meinen noch nicht ganz durchgedrungenen Humor wider. Das braucht noch was Übung ...

Sich über sich selbst lustig zu machen, ohne dabei gekränkt zu sein, geht ganz gut. Doch wie sieht es aus, wenn das jemand anders macht? Da könnten die Dinge doch plötzlich ganz anders aussehen? Da ist der Spruch zutreffend: „Humor ist, wenn man trotzdem lacht."

„Sieh es doch mal mit Humor". Das war einmal eine Aufforderung von einer Freundin im Stall. Auf diesen Satz hin wurde ich zuerst noch aufgebrachter, als ich schon war, und ich erwiderte, dass ich überhaupt kein Verständnis dafür hätte. Als ich mich noch etwas verteidigend davonmachte, kam schon die Wirkung der Aussage. Kaum war ich im Haus, huschte ein Lächeln über meine Lippen, und ich amüsierte mich über meine Theatralik. Seither versuche ich, mir diesen Satz immer wieder in Erinnerung zu rufen. Obwohl ich mich nicht wirklich humorvoll finde, amüsiere ich mich vermehrt über meine Unzulänglichkeiten.

Ich fühle mich sehr geehrt, dass sich der Humor bei mir so aufdringlich gemeldet hat, und er hat mir eine neue Ansicht der Dinge gezeigt, die ich gerne aktiv erhalten möchte.

CR&O

Zwei Monate später:

Ich habe eine Wanderspielgruppe ins Leben gerufen, und wir ziehen von Ort zu Ort, um die Leute zu unterhalten ... Und wenn sie nicht gestorben sind ...

Nein, jetzt im Ernst. Der Humor ist wie ein Ritual: Kraftvoll, effizient und transformierend. Das sind doch guten Aussichten. Für mich ist er ein sehr willkommener Gast. Er hilft mir, meine „in mich gehenden" Reisen zu beenden, und im Alltag wieder Fuß zu fassen. Denn meistens tauche ich von einer solchen Entdeckungsreise durch einen komischen Vorfall wieder auf. Er ist mein Horn, das ruft: zurück ins Hier und Jetzt! Ich glaube, ich kaufe mir morgen ein Horn ...

Essenz: Zurück ins Hier und Jetzt, Freude an der Schwäche.

22
Krafttier Adler – Weite deinen Blick!

Ulrike Dietmann

Krafttier Adler – seine Adlerenergie & die Adler-Krafttier-Medizin.
Wie stark ist deine Adler*energie*?

Der Adler-Energie-Check:
Bevor du diesen Artikel liest, mache bitte den Adler-*Energie*-Check, um deine Adler-*Energie* zu spüren.

- ○ Mir ist bewusst, dass alles in einem größeren Zusammenhang steht.
- ○ Ich reflektiere und meditiere gern über die Kräfte, die alles zusammenhalten.
- ○ Ich gewinne Kraft zum Handeln, wenn ich innere Orientierung habe.
- ○ Ich kann gut loslassen und einen Schritt zurück machen, um neue Kraft zu finden.

- ○ Ich fühle mich getragen von meiner inneren Stille.
- ○ Ich vertraue darauf, dass alles einer wohlwollenden höheren Ordnung folgt.
- ○ Ich treffe Entscheidungen aus Souveränität und nicht aus Angst.
- ○ Freiheit und Selbstbestimmung sind wichtige Werte für mich.
- ○ Ich bin gern in den Bergen, am Meer, in der Wüste oder der Steppe, wo ich einen weiten Blick habe.
- ○ Ich besuche gern Fernsehtürme.
- ○ Ich bin der König, die Königin meines eigenen blühenden Reiches.
- ○ Ich bin dem Himmel und der Erde gleich nah und finde dort das Gleichgewicht.

Zwischen Himmel und Erde

Neapel, 5. Dezember 2014: Der Aufstieg zum Vesuv ist gesperrt wegen einer Geröll-Lawine. Der Adler-Blick auf Neapel, auf die Küste von Sorrent, und vor allem in den Vulkankrater, das Überbleibsel einer gewaltigen Kraftexplosion, bleibt uns verwehrt. Stattdessen finde ich im Souvenir-Shop einen 20 cm großen Adler aus Vulkangestein mit versilberten Flügeln. Seine Erscheinung erzählt das, wofür der Adler steht: den Ort, wo sich Himmel und Erde treffen, Erdkraft und silberne himmlische Sphären.

Die geheimnisvolle Kraft hinter den Kulissen

Wir Menschen sind keine Vögel, und es bekommt uns auch nicht gut, dauerhaft dort oben zu schweben. Aber es tut uns gut, hin und wieder die Welt der irdischen

Details, E-Mails, Porto-Erhöhungen und Beziehungs-Wollmäuse zu verlassen und unser Leben aus der Adler-Perspektive anzuschauen. Auf einmal eröffnen sich ganz neue Perspektiven. Wir erkennen die größeren Zusammenhänge. Etwas Faszinierendes passiert: Wir erkennen einen geheimen Sinn. Eine Kraft, die hinter den vielen Details zu wirken scheint. Der Adler verkörpert diese unbeugsame, majestätische, lichtvolle Kraft, die alles bewegt.

Das Symbol gibt uns Kraft

Wenige Krafttiere sind als Symbol so stark vertreten in unserem Alltag wie der Adler. Wenn man sich ein wenig umschaut, entdeckt man ihn überall: Auf Wappen, Fahnen, in Emblemen, als Logo, als Schmuck, als Totem, auf T-Shirts und Geldscheinen. Der Adler ist auch das Krafttier im Bundeswappen von Deutschland. Mit dem Adler möchte sich der Mensch erinnern an die eigene königliche, souveräne Kraft.

Wir erkennen Fügung und Führung

Mit dem Adlerblick auf unser Leben zu schauen, gibt uns Souveränität. Dort oben kann uns auch ein Vulkanausbruch nichts anhaben. Dort oben finden wir Weisheit, die unsere Sicht auf die Verstrickungen des Alltags auflösen kann – und damit die Verstrickung selbst. Ist doch jeder Konflikt ein Ergebnis unserer Wahrnehmung. Mit dem Adler erkennen wir die größeren Gesetzmäßigkeiten. Wo wir vorher noch verzweifelt waren, uns ausweglos gefangen fühlten, sehen wir jetzt, warum alles so kommen musste – und warum alles gut und richtig ist, so wie es ist. Wir erkennen Fügung und Führung.

Zugang zu höherer Weisheit

Wir lassen die Kleinigkeiten los und übergeben uns den Lüften, die uns tragen. Wir schweben. Genau dieses Gefühl entsteht, wenn wir uns mit der höheren Weisheit verbinden: Wir werden von einer unsichtbaren Kraft getragen, wir schweben in unserer lichtvollen Essenz zwischen Himmel und Erde. Auge in Auge mit dem weitsichtigen Adler. Wir atmen tief ein und aus und kommen in unserer Größe und Weite und Freiheit an.

Finde die Adlerkraft in dir

Mache einen Schritt zurück und schaue auf die wichtigen Ereignisse in deinem Leben. Welche Momente kannst du erkennen, in denen sich etwas Entscheidendes verändert hat? Welche Menschen sind dir wirklich wichtig? Welche Wünsche, Ziele und Visionen geben dir Kraft? Welche inneren Werte tragen dich? Welche großen Kraftlinien ziehen sich durch dein Leben?

Es ist wichtig, immer wieder das große Bild zu suchen, wie eine Karte auf dem Weg durch den Dschungel. Atme die Freiheit des Überblicks und die Weite der Möglichkeiten. Handle frei und souverän und fühle den Adler und seine Weisheit an deiner Seite.

23
Die Spiritualität des Nomadentums

Gedanken zur Heldenreise mit Pferden

Natalie Frey

Ich möchte mit euch ein paar Gedanken über die Helden-reise mit Pferden und das Nomadentum teilen.

Ich folge meinen Fingern auf der Tastatur. Es ist genau dieses Gefühl, das ich in der Heldenreise finde. Ich folge der Energie, die mich führt. Dieses Geführtsein geht aus einer tiefen Kommunikation zwischen einer Art innerer schöpferischer Fähigkeit mit den äußeren Umständen hervor. Nämlich der Idee zu folgen, in diesem Buch über die Heldenreise mit Pferden zu schreiben. Lange hatte ich Zeit, Ideen zu sammeln, doch nie war es Zeit. Ich konnte das Bild des Schreibens nicht aufrechterhalten. Jetzt sitze ich hier, und es schreibt. Das Interessanteste ist, dass ich nicht wirklich weiß, was geschrieben werden möchte. Ich werde geschrieben. Wir werden bewegt und bewegen uns. Wir bewegen uns in einem Raum der verschiedenen Möglichkeiten, und in jeder Möglichkeit ist alles enthalten. Es geht um die Bewegung. Bewegung findet immer statt. Das Universum ist ständig kreativ, und wir sind immerwährend ein Teil davon.

Das Nomadentum eröffnet die Möglichkeit, das Wissen von der Verbindung des großen Ganzen und die darin liegende schöpferische Fähigkeit zu erfahren. Wir lernen, der Energie zu folgen und nicht gegen sie anzukämpfen. Pferde bringen die Kraft des Nomadentums in die Städte und Dörfer. Wir alle haben nomadische Energien in uns. Wer kennt nicht die Sehnsucht nach der großen Freiheit. Doch was ist sie nun, die große Freiheit? Wie können wir nomadische Energien in der Großstadt leben?

Für mich hat nomadisches Wissen viel damit zu tun, dem Leben zu folgen und nicht gegen das Leben zu kämpfen. Die Natur lehrt mich, im Zusammenspiel der Umgebung zu wachsen. Unser nomadisches Wissen verbindet uns mit der Intuition, im Zwiegespräch des Ganzen zu gehen. Es verbindet uns mit der schöpferischen Quelle in und um uns. Das Wesentliche darin ist die ewige Wandlung. Wie oft wollen wir Menschen an Bildern, Zuständen oder Gefühlen festhalten. Dies basiert oft auf einer tiefen Angst vor der Trennung. Doch das Paradoxe und Schöne ist, dass wir, egal was wir gerade erleben, nie getrennt sind. Es gibt keine Trennung. So kann ich im Nomadentum Freiheit finden. Ich gehe mit der Bewegung im großen Ganzen, werde bewegt und bewege mich darin. Ich finde Vertrauen im Sturm des Lebens und sehe in jeder Erfahrung das Vollkommene. So lerne ich, im Rhythmus der Natur zu gehen und mich nicht gegen den Wind zu stemmen. Wenn es stürmt, bewege mich mit dem Sturm. Und manchmal trägt mich eine Windböe weg, und ich lande woanders als gedacht. Dann schaue ich, wo ich darin neue Wurzeln finde, statt zurückzulaufen und das Alte aufzusuchen. Wir haben oft verlernt, dem natürlichen Wachstum in uns Gehör zu schenken, und verharren in Gewohntem und Vertrautem. Ich muntere auf, dem nomadischen Wissen wieder mehr Gehör zu schenken, denn nichts ist beständiger als die Bewegung. Und wahre Freiheit finden wir in dem ewigen kreativen Raum des Universums.

Was wäre ich, wenn ich einfach bin in all den verschiedenen Zuständen? Was kann passieren, wenn ich in das Gefüge vertraue? Wo jeder Moment alles beinhaltet und es nichts zu verlieren gibt?

Die Heldenreise ist eine Struktur, die uns hilft, diese immerwährende Geschichte deiner Selbst zu schreiben. Die Geschichte deiner ganz eigenen Entwicklung und Bewegung. Immer wieder durch und mit dem Leben neue Geschichten zu kreieren. Sie eröffnet uns das Wissen über das schöpferische Potential in uns und um uns. Und woraus das Schöpferische wirklich entsteht, ja darüber gibt es immer wieder neue Theorien und Ansätze, Wahrheiten und Geschichten. In der Geschichte der Menschheit zeigt sich eine ewige Suche nach dieser schöpferischen Qualität in uns. Wo ist sie und was ist sie? Welcher Wahrheit folgt sie? Vielleicht ist es gerade das, dass sich das Schöpferische nicht wirklich in eine einzige Wahrheit fassen lässt. Weil es immerwährend schöpft, neu entsteht und vergeht? Ich erfahre in der Heldenreise, der Natur des Nomadentums und in den Pferden ein Bewusstsein, das sich völlig frei in verschiedenen Zuständen bewegt. Es geht nicht mehr darum, wer schöpft oder wie geschöpft wird. Nein, es ist ein ewiges Zwiegespräch. Ich werde getanzt und tanze zugleich. Ich bin der Schöpfer selbst und werde geschöpft. Ich werde Fragen stellen und Antworten finden, um wieder neue Fragen zu stellen und neue Antworten darauf zu finden. Jeden Tag darf eine neue Geschichte stattfinden, und eine neue Geschichte darf geschrieben werden. Es geht nicht darum, etwas zu erreichen oder etwas los zu lassen. Es ist der Tanz der Ewigkeit, wo alles enthalten und doch nichts enthalten ist.

Ich lade euch ein, mit mir zu forschen, zu erfahren und den Tanz des Lebens zu genießen, und manchmal auch im Dunkeln sich zu verlieren ...

24
Meine Heldenreise mit Ziegen

Silke Lohnes

Eine Heldenreise mit Ziegen? Nein, das ist keine neue Art der Heldenreise. Und auch der Workshop „Frau im Wandel – werde die, die du wirklich bist!", den ich mit Bettina Löber in der schönen Atmosphäre des HERZ-LAND-Hofes von Marion Asche abhalten durfte, hatte nichts mit Ziegen zu tun ... zumindest auf den ersten Blick! Aber die Ziegen haben mich auf besondere Weise auf dieser Heldenreise begleitet und mir wieder gezeigt, dass der Prozess nicht nur von den Pferden so wundervoll unterstützt wird, sondern die gesamten Naturkräfte eingebunden sind.

Auch als Trainer begibt man sich in den Prozess der Heldenreise. Beim Schritt der Transformation, des Opfers, hatte ich plötzlich eine Ziege als „Reisebegleiterin". Sie streifte mit ihrem Körper ganz geschmeidig am Zaun entlang. Geschmeidigkeit?! Ich hatte doch bei den Pferden schon gefunden, was ich opfern wollte. Allerdings ließ sich diese Geschmeidigkeit nicht mehr aus meinem Bewusstsein drängen, und ich wusste, dass es tatsächlich sie war, die ich im Feuer opfern musste. Geschmeidig, anpassungsfähig, das war ich schon immer. Und das war bestimmt sehr angenehm ... für die Menschen um mich herum und für mich auf den ersten Blick auch. Nirgendwo anecken, immer als nett, hilfsbereit, unkompliziert etc. wahrgenommen zu werden, ... das hat doch viele Vorteile. Aber nicht nur! Denn es bleiben oft auch meine eigenen Wünsche und Bedürfnisse auf der Strecke. Und damit kann ich nicht wirklich authentisch sein, bleibe unsichtbar und kann meine ureigene Kraft und Freude nicht entfalten.

Also habe ich dank der Ziege meine Geschmeidigkeit in das Feuer der Transformation gegeben.

Nach dem Ritual gingen wir auf „Schatzsuche", um den Raum, den wir durch die Opfergabe geschaffen hatten, neu zu füllen. Das erste, was mir begegnete, war ... wieder eine Ziege! Sie schaute mich an, und besonders die Hörner sprangen mir ins Auge! Ja, meine innere Frau hat Hörner, oder zumindest Ecken und Kanten, mit denen sie gerne mal den Rahmen sprengt. Diese Erkenntnis fühlte sich richtig gut an, kraftvoll und voll Freude!

Mein Schatz ist es, meine Ecken und Kanten anzunehmen und damit wirklich mein Leben nach dem Rhythmus meines Herzens zu leben.

Als wir am Ende des Workshops unsere Reisen zusammengefassten, wurde klar, dass mich die Ziege schon von Anfang an begleitet hatte. Zu der Frage „Wer bin ich?" war ich an einem Bild mit einem Einhorn hängen geblieben. Und als ich jetzt meine „Ziegengeschichte" mit der Gruppe teilte, stellten wir fest, dass genau auf diesem Bild die Silhouette einer Ziege zu sehen war.

Und noch immer war die Ziegengeschichte nicht zu Ende. Am nächsten Tag drückte mir Bettina einen Stapel Zeitungen in die Hand, und „zufällig" war auf der ersten Seite eine Ziegenherde abgebildet.

Jetzt war ich wirklich neugierig geworden, was es sonst noch mit der Ziege auf sich hat und habe Verschiedenes über die Ziege als Krafttier gefunden.

Die Ziege lehrt uns die Überlebenskunst. Sie hilft uns auszumisten, was nicht zu uns gehört. Sie lädt uns auch ein, uns an ihr weiches Fell zu kuscheln, und schenkt uns dadurch Geborgenheit und Wärme. Die Ziegen kennen die Plätze, die uns nähren. Wenn wir ihnen folgen, zeigen sie uns die besten Kräuter, also das, was uns energetisch stärkt.

Durchsetzungsvermögen und Willensstärke sind Eigenschaften, mit denen die Ziege uns unterstützt, unser wahres Selbst zu leben. Sie fordert uns auf, uns mehr mit der Natur zu verbinden und uns unserer inneren Natur bewusst zu werden. Als Seelenführerin bringt die Ziege die Liebe.

Was ich auf meiner „Heldenreise mit Ziegen" erfahren habe:

„Zickig" sein sehe ich jetzt in einem anderen Licht. Es bedeutet für mich, dass ich zu meinen „Hörnern" stehe und dadurch meine wahre Natur zum Ausdruck bringe.

Diese Erkenntnis bleibt im Alltag lebendig, weil ich immer mal wieder Ziegen auf der Wiese sehe oder vor meinem inneren Auge das Bild der Ziege aus der Heldenreise auftaucht.

25
Die Stille Kriegerin

Mirja Vits

Diese Archetypin ist inspiriert von dem Charakter „Steht mit einer Faust" aus dem Film „Der mit dem Wolf tanzt". Davon abgesehen, dass bestimmt fast jede Frau gern einmal vom Archetyp Held (Kevin Costner) gefunden und gerettet werden möchte ☺, ist „Steht mit einer Faust" eine komplett eigenständige starke Persönlichkeit. Sie hat erfahren, was es heißt, eine schlimme Erfahrung zu überleben. Aufgrund ihres familiären Schicksals wuchs sie unter „Fremden", unter den „Feinden" auf. Sie kannte deren Sprache und Gewohnheiten nicht. Ihr selbst hatte es die Sprache „verschlagen". Sie war ohne Worte, stumm, still, gefangen im Geiste. Sie meisterte alle Herausforderungen, besiegte Einsamkeit, Leid, Kummer, Angst und schließlich auch die Stille. Sie lernte die Sprache des Naturvolkes und lernte von ihnen das Überleben auf deren Weise. Sie wurde stark und achtsam. Ein neuer Schicksalsschlag konfrontierte sie erneut mit den Schatten und Lichtern ihrer Herkunft. Ihr anderes Ich, ihr Spiegelbild (der Held) stand auf einmal in Fleisch und Blut vor ihr. Die Lehren ihres Stammes wurden zu Mittlern ihrer inneren Welten. Sie besiegte Barrieren und kämpfte als Botschafterin zwischen zwei Welten. Die Stille Kriegerin „steht" – steht für sich und mit sich selbst.

Hier ist ein Gedicht von Donnette Hicks, welches erst vor ein paar Tagen entstanden ist. Ich finde es so wunderbar, und es war der Anlass, endlich mit dem Schreiben über die Stille Kriegerin zu beginnen.

I Now Stand – Donnette Hicks

My body aches
From a world
That takes

I unraveled and wanted
Believed what was flaunted
But was
Cut down

Yet my roots grew
And found a way
To sprout and sway
Into the light

My inner illuminated
Thriving wings
Opened and culminated

I now stand
Observing the land

Spinning in sand
As I leap
Into the sea
Called
Me

Die Stille Kriegerin: Integrität

Steht! Steht in sich selbst, kennt Grenzen und setzt klare Grenzen. Ihre Weisheit ist ihr Schutz. Sie ist integer, stark, trotzig, klar, mächtig. Gewinnt an Stärke, Schutz und Sicherheit durch Gemeinschaft. Keine Einzelkämpferin. Die Kriegerin steht für Stabilität. Achtsam wandelt sie stetig auf dem Pfad der Stabilität und nährt ihn immer wieder aufs Neue. Sie weiß um die Parallelen und Unterschiede (Licht und Schatten) zweier Realitäten. Sie weiß: Kraft entsteht durch Erkenntnis, Selbstliebe, innere Besinnung, Öffnung und Abgrenzung (geben und nehmen) und vor allem Vertrauen.

Sie besitzt eine unglaubliche ICH BIN-Kraft, die sie zu einer Art schwingender transformierender Säule macht. Sie erfährt, nimmt auf, gibt und transformiert.

In Ritualen versöhnt sie Vergangenheit, Gegenwart und Zukunft. Sie heiligt das Hier und Jetzt. Im Hier und Jetzt genießt sie das volle irdische geerdete Leben, jeden Moment, wie er ist, im Rhythmus der Tages- und Jahreszeiten. Das Leben im Hier und Jetzt lässt sie ankommen und ruhen.

Ihre Wurzeln in zweierlei Welten schenken ihr Weisheit und Stärke und fordern sie, achtsam und beständig zu bleiben, um diese beiden Welten zu versöhnen und nicht durch den Zwiespalt geschwächt zu werden. Die

Achtsamkeit nährt ihre Authentizität.

Affirmation: Alles darf kommen, alles darf gehen. Ich bin ich! Du bleibst du. Ich finde dich, du findest mich. Wir sind verbunden mit allem.

26
Die Pionierin

Waltraud Schögler

GO WEST – so lautete ihr Ruf! Sie hat es sich nicht leicht gemacht, hat alles aufgegeben, was sie zurückhält, hat ihr Bündel geschnürt – nur das Allernotwendigste, sie reist mit leichtem Gepäck – und sich auf den Weg gemacht.

Familie und Freunde haben versucht, sie zurückzuhalten. Es war schwer, sich von den vertrauten Menschen zu verabschieden, ihnen begreiflich zu machen, dass nicht reine Abenteuerlust oder gar Unvernunft sie drängten, fortzugehen. Schuldgefühle wurden ihr aufgehalst, ihre Dummheit wurde ihr vor Augen geführt, weil sie (vermeintliche) Sicherheit gegen Unsicherheit eintauschen wollte – das schlechte Gewissen war ihr ständiger Begleiter.

Die materielle Sicherheit war verlockend – dazubleiben, wo sich das Nest, das sie sich mit so viel Arbeit und Anstrengung, mit vielen Opfern und Mühen erschaffen hatte, warm und sicher für sie anfühlte, wo sie es sich bequem gemacht hatte, es sich gut leben ließ. Mit all den Freunden, die sie unterstützten, mit denen es sich gut lachen und weinen ließ. Diesen Ort, wo sich ein Traum für sie verwirklicht hatte, zu verlassen, fiel ihr wirklich schwer.

Sie hatte sich in all den Jahren einen guten Namen gemacht, hatte zu Menschen und Pferden gute Beziehungen aufgebaut und konnte jederzeit auf die Ressourcen dieses Pools zurückgreifen.

Sie sah aber auch die Schattenseiten – welche Kraft es sie kostete, diesen Traum aufrechtzuerhalten. Einen Traum, den ein anderer über ihren eigenen Traum drübergestülpt hatte, sie für seine Zwecke manipulierend. Wenn sie ehrlich zu sich war, spürte sie auch, dass die vielgepriesene Sicherheit wie eine Droge war, die sie von sich selbst trennte, sie einlullte und in die Bequemlichkeit abgleiten ließ. Stillstand statt Bewegung. Es nahm ihr den Atem, raubte ihr ihre Kraft.

Sie spürte, dass ihre Zeit hier vorbei war, ihre Seele nun gelernt hatte, was sie lernen wollte. Sie hatte viele Erkenntnisse gewonnen, und auch die wollten nun losgelassen werden, um neuen Erfahrungen Raum zu verschaffen. Jetzt war die Zeit gekommen, sich von all dem zu trennen, das Reisebündel zu schnüren, nur das Notwendigste mitzunehmen und dem Ruf zu folgen.

Da stand sie nun auf unbekanntem Boden, allein, ohne Unterstützung, und alles war neu und verunsicherte sie. Alle Warnungen, die sie in ihrem Gedächtnis wiederfand, schienen sich zu bewahrheiten. Sie hatte keine Heimat mehr, nur Unbekanntes lag vor ihr, und sie fürchtete sich, es zu betreten, geschweige denn, es zu erobern. Sie hatte Angst vor dem, was sie hier erwartete.

Wer war sie denn, dass sie sich das zutraute? Welch Hochmut, welche Unverfrorenheit, welche Abenteuerlust, welche Dummheit hatten sie denn dazu getrieben? Wurde ihr nicht von klein auf etwas anderes beigebracht? Wusste sie denn nicht mehr, wie es sich anfühlte, alleine und verlassen zu sein? War sie denn nicht immer auf der Suche nach emotionaler Sicherheit gewesen? Und jetzt das – alle Warnungen hatte sie in den Wind geschlagen und gemeint, es besser zu wissen! Ein Fiasko!

Am liebsten wäre sie umgekehrt, hätte ihr heimeliges Nest eiligst wieder aufgesucht, doch das ging nicht, alle Brücken waren längst abgebrochen. Angstvoll sah sie sich um. Wohin sollte sie sich wenden? Was wäre denn der richtige Weg? Wie gelähmt stand sie da. In ihrem Körper war alles in Aufruhr, ihre Beine zuckten, ihr Blick versuchte, ein lohnenswertes Ziel auszumachen, ihr Atem flog wie nach einem anstrengenden Lauf – und doch war sie wie gelähmt, konnte sich nicht von der Stelle bewegen. Sie war verzweifelt.

Nach und nach aber entstand in ihr die Gewissheit, dass niemand sie erlösen würde, dass sie sich selbst für eine Richtung entscheiden und den ersten Schritt wagen musste. Der erste Schritt ins Unbekannte, der ihr nach so vielen Schritten des Loslassens trotzdem ganz neu und ungewohnt vorkam. Sie verlagerte ihr Gewicht auf ein Bein, atmete tief aus und schob ihr anderes Knie in die Richtung, für die sie sich entschieden hatte.

Sie machte sich auf den Weg, einen Weg, den sie sich selbst erst erschaffen musste. Sie konnte keinem ausgetretenen Pfad folgen, alles war neu und wurde durch sie erschaffen. Manchmal kreuzten andere Pfade ihren Weg, manchmal folgte sie einem von ihnen ein Stück, nur um festzustellen, dass seine ausgetretene Bequemlichkeit sich nicht mit ihrem Ziel vereinbaren ließ, und sie verließ ihn wieder. Sie vertraute sich ihrer inneren und der universellen Führung an und eroberte sich die Wildnis.

Nun war sie die Wegbereiterin, die Pionierin – und es fühlte sich gut an!

27
Die Prostituierte

Bettina Löber

Als ich die Prostituierte in mir entdecke, trifft es mich wie ein Schock! Ich – und Prostituierte? Meine höchsten Werte sind Freiheit und Würde ... wie konnte ich so tief sinken? Denn was ich bei dieser Entdeckung fühle, ist brennende Scham. Nicht weil ich das älteste Gewerbe der Welt verachten würde, sondern weil ich nun schonungslos dem eigenen Ausverkauf ins Auge sehen muss. All meine Träume vom Leben als freie Amazone kommen mir auf einmal so lächerlich vor!

Ich finde Trost und zugleich schmerzliche Erinnerungen, als ich erfahre, dass die Prostituierte zu den Überlebensarchetypen gehört, den großen und mächtigen Begleitern, die uns helfen, heranzuwachsen. Als Kinder müssen wir uns mehr als einmal „verkaufen", um zu überleben. Aber wieso musste ich als fünfzigjährige Frau, seit vielen Jahren selbstständig und immer auf Unabhängigkeit bedacht, mich so verlieren?

Wie billig bin ich eigentlich zu haben?

Es ist dieser Schock, der mich wachrüttelt. Ich sehe, dass

mein Selbstwertgefühl am Boden ist, wenn Menschen, die ich liebe, sich so meiner bedienen können. Ja, es sind mehrere, aber vor allem ist es die eine so ersehnte Liebesbeziehung, die inzwischen längst in einer Phase des Scheiterns herumdümpelt. Alle Schmerzen, aller Kummer, die überwältigende Enttäuschung sind wieder und wieder durchlitten, und doch bin ich bis jetzt nicht losgekommen. Da ist durchaus diese tadelnde Stimme in mir, die mir zu verstehen gibt, dass Würde anders aussieht. Aber sie kann eben nur tadeln und ihre Verachtung kundtun. Sie hat nicht eine einzige Idee, wie ich da raus kommen könnte.

Langsam führt mich die Prostituierte tiefer in mein eigenes Wesen hinein. Auf verquere Weise neige ich offenbar dazu, mich mit den Schwächen anderer Menschen zu verbinden. Ich verkaufe mich, weil ich die Leidenden dieser Welt nicht allein lassen will. Ich verbinde mich und teile ihren Schmerz. Die Armen, sie können ja nicht anders, und sie brauchen mich doch.

In einem wunderbaren Buch finde ich wiederum Hilfe: Es gibt einen großen Unterschied zwischen Mitleiden und Mitfühlen. Mitgefühl ist eine wunderbare Kraft, ein Trost für die anderen. Aber mit jemand anderem mitzuleiden, hilft niemandem und hat nur ein Ergebnis: Jetzt leidet nicht mehr einer, sondern zwei. Und diese Art des Mitleidens hat erhebliche Konsequenzen, die ich schon lange spüre in meinen verunglückten Beziehungen: Andere leben gar nicht schlecht aus meinen Energien, aus meiner fatalen Hingabe, während ich immer kränker und schwächer werde.

Was war zuerst: die Prostituierte oder der Ausbeuter?

Der Prostituierte oder die Ausbeuterin? Selbst unabsichtlich können liebende Menschen zu Ausbeutern werden, denn wo die Prostituierte lebt, ist der Ausbeuter nicht weit. Er bildet den Gegenpol in dieser unheilvollen energetischen Abhängigkeit, ob er es ursprünglich so wollte oder nicht. Ein Ausbeuter weiß, wie man für sich selbst sorgt. Wie man Grenzen zieht zum Leiden anderer. Die Prostituierte hat alle schützenden Grenzen verloren, denn sie kennt ihren Wert nicht mehr.

Nachdem ich die Prostituierte in mir gefunden und angenommen habe, dauert es nicht lange, bis eine tiefe Dankbarkeit mich erfüllt. Ich bin dankbar dafür, dass ich so ehrlich sein und mich so sehen kann. Das ist stark! Auf einmal spüre ich mich wieder und bin dankbar für diese neu gewonnene Klarheit. Schon nach kurzer Zeit wird es die Prostituierte in mir, die mir die Kraft schenkt, mich aus der missglückten Beziehung zu befreien, denn nun hat sie ihre Aufgabe endlich erfüllt. Sie hat beschlossen, ihren Job zu kündigen.

Seitdem passt sie auf mich auf. Leidenschaftlich und hingebungsvoll, wie ich bin, habe ich sie nötig. Als warnende Stimme und sensible Energie, wenn es um gesunde Grenzen geht. Dadurch, dass ich sie sehen durfte, habe ich auch meinen eigenen Wert wiedergefunden. Ich bin nicht mehr zu kaufen, denn nun bin ich unbezahlbar.

Für ein paar Monate bleibt „Integrität" mein Zauberwort.

28
Auf den Spuren der Pferde

Silke Lohnes

Ich bin gerade umgezogen. Es ist alles sehr neu. Ich gehe mit meinem Hund spazieren, ich kenne mich noch nicht aus. Welchen Weg soll ich einschlagen? Unschlüssig stehe ich an der Wegkreuzung. Da sehe ich sie! Hufspuren! Das hätte ich hier als letztes erwartet. Aber gut. Meine Frage nach dem Weg ist damit beantwortet! Ich folge dem Weg der Pferde!

Bei diesem Spaziergang ist mir vieles klar geworden. Ich habe begriffen, dass die Pferde mich schon früh in meinem Leben begleitet/geleitet haben. Weniger durch das Reiten, viel mehr durch das Zusammensein mit ihnen. Ich kann mich erinnern, dass ich als Kind stundenlang bei den Fjordpferden im Stall gesessen habe. Ich hatte irgendwie immer das Gefühl, sie verstehen mich, bei ihnen bin ich sicher und geborgen. Bei ihnen kann ich so sein, wie ich wirklich bin. Oft saß ich auch einfach an irgendwelchen Koppeln, beobachtete die Pferde und verbrachte so Zeit mit ihnen.

Geritten bin ich auch ab und zu, durfte ausreiten mit

den Fjordpferden, auf Fuchsjagden in den Pausen die Pferde trocken reiten ... Ansonsten habe ich eher schlechte Erfahrungen gemacht, schreiende, die Peitsche schlagende Reitlehrer und buckelnde Pferde, Stürze von durchgehenden Pferden ...

Und viele Pferdebücher habe ich als Kind und Jugendliche gelesen, nein verschlungen. Besonders fasziniert hat mich damals schon die tiefe Verbindung zwischen Mensch und Pferd und deren so heilsame Wirkung für beide.

Trotz einer langen Pferdepause ist die Sehnsucht nach den Pferden in mir lebendig geblieben. Mit fast dreißig Jahren haben die Pferde wieder meinen Lebensweg gekreuzt. Ich bin ihren Spuren gefolgt und habe wieder angefangen zu reiten. Bei dem ersten Kontakt damals spürte ich sofort wieder, welche Faszination von den Pferden ausgeht. Das war der Anfang eines ganz neuen Kapitels in meinem Leben, und ich habe eine Ausbildung zum Pferdewirt Zucht und Haltung gemacht und danach einen Islandpferdebetrieb geleitet.

Die Pferde haben mich aber auch auf ganz anderen Ebenen erreicht. Ich habe schon seit einigen Jahren eine weiße Stute in meinen Phantasiereisen und Träumen als Begleiterin gehabt. Allerdings war mir das gar nicht so bewusst. Erst als sie mir bei meiner ersten „Heldenreise mit Pferden" wieder begegnet ist und auch bei der Suche nach meinem Krafttier auftauchte, realisierte ich, dass sie mich schon so lange begleitet.

Das machte mich neugierig. Ich wollte wissen, was es bedeutet, das Krafttier Pferd bei mir zu haben.

Was ich gefunden habe, hat mich tief berührt.

Manchmal kommt das Pferd zu uns, um uns Lasten abzunehmen oder uns ein Stück auf unserem Weg zu tragen ... bis wir selbst wieder in der Lage dazu sind. Das Pferd steht auch für einen Neubeginn im Leben. Mit ihm können wir uns auf den Weg machen zu uns selbst, zu dem, was uns in unserem tiefsten Inneren bewegt. Es fordert uns auf, die ausgetretenen Pfade zu verlassen und mutig neue Wege zu unserem wahren Selbst zu gehen und die Freiheit und Unabhängigkeit zu leben, die wir brauchen. Achtsamkeit, Schnelligkeit, Kraft und die Fähigkeit, auch Hindernisse mit Leichtigkeit zu überspringen sind ebenfalls Qualitäten, die das Pferd zu uns bringt. Auf seinem Rücken können wir den Sprung ins Unbekannte wagen und uns die Kraft und Freiheit zurückholen, unser Leben selbst zu gestalten.

Jeanne Ruland schreibt in ihrem Buch „Krafttiere begleiten dein Leben" unter anderem folgendes über die Kraft des Pferdes:

> *Das Pferd kann schnelle, ungeahnte Entwicklungen im Leben ankündigen und eine Erweiterung des Bewusstseins. Es flößt uns den Mut ein, unserer Aufgabe zu folgen, welche es auch sein mag. Es fordert uns auf, uns mit Begeisterung und Optimismus für unsere Visionen, Ideen und Vorstellungen einzusetzen. Das Pferd spiegelt uns auch, was wahr ist, lehrt uns, hinzuschauen, in die Tiefe der Dinge zu blicken und die wirkende Kraft zu erkennen.*

Es verfügt über große seelische Kräfte wie Treue, Mut, Klugheit, Liebe, Freude und Trauer. Es ist der Sprache mächtig und kann uns beraten.

Eine meditative Reise auf dem Pferderücken hat mich auch sehr berührt und die Botschaften der Pferde für mich in einem meiner eigenen Pferde vereint:

Ich ritt in der Wüste. In der Ferne war ein Hügel, darauf stand eine weiße Stute. Dahinter im Tal waren ganz viele Pferde versammelt. Ein lichtes Pferdewesen kam zu mir und übermittelte mir eine Botschaft von den Pferdeahnen: „Liebe" war die Botschaft, und dann sah ich ein Auge und hatte das Gefühl, als würden mir die Augen geöffnet. Ich nahm die Botschaft und Energie tief in mich auf. Dann kam ein braunes Pferd als Botschafter der Erde. Seine Botschaft war „Feuer". Plötzlich hatte ich das Bild meines Braunscheckhengstes vor mir. Ich erkannte, dass er das Weiß des Himmelspferdes – die Liebe – und das Braun des Erdpferdes – das Feuer – in sich vereint.

Ich bin dankbar, ihn als Wegbegleiter bei mir zu haben!

Zum Jahresbeginn 2015 habe ich um ein Krafttier gebeten, das mich in diesem Jahr begleitet. Aus dem Kartenset „Krafttier Orakel" von Jeanne Ruland und Murat Karacay habe ich eine Karte gezogen: das Pferd.

Ich habe jetzt, einige Monate später, die Bedeutung der Karte nochmal gelesen und staune. Es trifft sehr genau das, was ich gerade erlebe. Es geht darum, dass alles im Umbruch ist, dass neue Situationen und Herausforderungen auf mich zukommen. Dass alle Fähigkeiten und Kräfte, dies zu meistern, bereits in mir sind, wenn ich mutig meinem ganz persönlichen Weg folge und Vertrauen in meine innere Führung habe. Und dass ich dadurch einen weiteren Teil in mir entdecke, der mir hilft, ganz ICH SELBST zu SEIN. Ich muss üben, im Hier und Jetzt präsent zu bleiben, um frei meine Entscheidungen zu treffen und entsprechend zu handeln.

Ich empfinde eine große Dankbarkeit dafür, dass ich den Spuren der Pferde gefolgt bin und weiter folgen darf. Die Pferde, die mir in meinem Leben begegnet sind – egal ob in der Realität, in Träumen, Meditationen oder als Krafttier, haben mir viele wertvolle Erfahrungen geschenkt. Sie haben mich auf meinem Weg begleitet und mich viel gelehrt, über mich, über authentisches Miteinander und über das Leben. Die Begegnung mit der weißen Stute als Krafttier hat für mich einen Neubeginn eingeleitet. Ich habe durch die „Heldenreise mit Pferden" eine andere Art der Pferde*arbeit* kennengelernt, die den Pferden und auch mir viel mehr entspricht und die Pferde ganzheitlich mit ihren Kräften, Fähigkeiten und ihrer Weisheit einbindet, anstatt sie nur zu benutzen.

29
Krafttier Frosch – Große Sprünge machen

Ulrike Dietmann

Die Frosch-Energie & die Frosch-Krafttier-Medizin.
Wie stark ist deine Frosch-*Energie*?

Der Frosch-Energie-Check:
Bevor du diesen Artikel liest, mache bitte den Frosch-*Energie*-Check, um deine Frosch-*Energie* zu spüren.

- O   Ich mache gern große Sprünge.
- O   Ich bin sehr fruchtbar. Unzählige Kaulquappen, unzählige Ideen und viele neue Frösche kommen durch mich in die Welt.
- O   Ich bringe anderen Glück und Segen durch meine Fruchtbarkeit.
- O   Ich bin wohlhabend und lebe in der Fülle.
- O   Ich erreiche meine Ziele mühelos.

- ○ Ich spüre Stimmungen sehr fein und ich tune mich stets auf das größtmögliche Wohlgefühl ein.
- ○ Wasser ist mein Element. Ich liebe es, wenn alles fließt.
- ○ Ich mache sprunghafte Entwicklungen und ziehe sehr viel Kraft daraus.
- ○ Durch mein Hüpfen übe ich mich in Nicht-Anhaftung. Ich kann gut loslassen und mich neu einfinden.
- ○ Ich verlasse mich auf mein inneres Barometer. Es ist immer gut eingestellt.
- ○ Vor Feinden bin ich gut getarnt.
- ○ Ich klinke mich gern in interessante Kommunikationen und Gefühle ein, da schwimme ich einfach mit.
- ○ Ich bin ein Lehrer des Flusses und des Überflusses.
- ○ Ich küsse gern.

Ich bin Frosch

Ostersamstag 2015, vor den Toren Berlin am Caputher See.

Hallo, ich bin Frosch. Nicht der übliche Frosch, an den du jetzt vielleicht denkst. Glubschaugen und glitschige Haut, auf einer Leiter, wo ich gutes Wetter vorhersage. Ich komme aus meiner Tarnung hervor, weil am Uferrand auf einem umgefallenen Baumstamm, der in den See ragt, zwei Frauen sitzen, die mich bezaubern.

Hier kommen öfters Menschen vorbei, aber nicht viele wissen, dass sie in einem Zauberwald sind. Diese hier verstehen das. Eine von ihnen ist sehr verliebt und die andere weint Seen, weil ihr Herz so sehr gebrochen ist. Mein Einsatz ist gefragt.

Wie Frösche coachen

Wir sind Vorbild. Diese beiden Besucherinnen des Zauberwalds, zum Beispiel, brauchen einen Sprung auf den nächsten Level des Glücks. Zunächst schwimme ich ein wenig auf sie zu wie ein verliebter Don Juan. Die Schenkel eines Tänzers des russischen Staatsballetts in weißen Strumpfhosen können niemals so elegant sein wie meine Froschschenkel. Der Unterschied ist, der Tänzer hat Mühe, meine Bewegungen jedoch sind vollkommen anstrengungslos. Die Art, wie ich dahingleite, das macht mir keiner nach. Mein Geheimnis: Ich nutze den Flow und den Widerstand des Wassers. Ich nutze das Licht und die Wärme der Sonne.

Wenn du gut gechillt bist, machst du von allein große Sprünge.

Die beiden Zauberinnen auf dem Baumstamm sind in der Tat voller Bewunderung für meine kleine Vorführung. Sie verstehen sehr gut, was zwischen uns läuft. Ich breite Arme und Beine aus und lasse mich auf dem Wasser treiben. Es schwappt in kleinen Wellen, die der Wind über den See schickt, unter mir hinweg. Wenn ich in den Baum über mir schaue, sehe ich tanzende Lichter auf den Ästen, die Spiegelungen des Sonnenlichts auf dem Wasser. Wie kann ich da anders als in vollkommener Glückseligkeit zu baden? Die beiden Zauberinnen baden mit mir. Ich merke wie beide einen inneren Sprung machen. Das ist meine Medizin. So einfach, so mühelos. Schwupp. Froschmedizin. Bald werden sie die Talerchen und die Liebesschwüre genießen, die ich in ihr Leben gezaubert habe.

Solltest du auf der Suche nach Reichtum, Glück und Liebe sein, denk an mich. Mit mir wirst du große Sprünge machen.

Dein Frosch!

30
Der Krieger – die Amazone

Andrea O'Neill

Dieser Archetyp stammt von unserer männlichen Seite. Er verteidigt und führt Krieg, um Schaden abzuwenden und Zerstörung zu verhindern. Er folgt den Befehlen und ist unermüdlich darin. Er ist sehr diszipliniert und zu Heldentaten fähig. Er kann mutig und tapfer kommunizieren, um sich und andere davor zu bewahren, beherrscht, missbraucht oder gefangen zu werden.

Der Krieger kann die weiblichen Qualitäten unterstützen, indem er die Notwendigkeit zum Handeln besitzt und Mut gibt, mit Themen und Problemen umzugehen, die erledigt werden müssen. Er kümmert sich um Ungerechtigkeit, Ungleichgewicht und Stillstand.

Der Krieger bringt mich in meinem Leben durch seinen Mut und seine Kraft Schritt für Schritt weiter. Er ist sehr zuverlässig. Er arbeitet gerne nach Auftrag. Braucht eine Führung. Ist aufbrechend, initiierend, bringt Bewegung. Er kann außer Kontrolle geraten, zerstörerisch wirken, abweisend, entmutigend oder aggressiv auftreten oder in blinder Feindschaft. Der Krieger deckt auf, aber die

Bearbeitung und Auflösung des Ganzen wird von einem anderen Archetyp übernommen.

Alle Reiterinnen, die ich kenne, besitzen eine gesunde Portion Amazonenblut in sich. Dies wird vor allem im Zusammenhang mit dem Pferd deutlich. Wie bei mir vielleicht auch. Ich habe gemerkt, dass ich in privaten Bereichen dem Frieden zuliebe schon mal einfach nachgebe und die Dinge laufen lasse. Im Stall bei meinen Pferden sieht es ganz anders aus, da bin ich sehr wachsam für Fremdbestimmung und Grenzüberschreitungen seitens der Menschen und der Pferde. Der Aspekt der Amazone ist wieder vermehrt durch die Epona-Arbeit in mein Leben gekommen. Ich habe erst dort gemerkt, wie sehr ich mich den äußeren Umständen angepasst hatte. Mein Tag war gut, wenn es allen anderen gut ging. Es ging so weit, dass ich keinen Wunsch hatte, sondern die Wünsche der anderen erfüllte.

Als mein Mann mich einmal fragte, was ich möchte, konnte ich nichts spüren, ich hatte keine Idee. Er war schockiert, und ich erkannte damals nicht, weshalb er sich so aufregte. Die Situation war jedoch sehr prägend gewesen, weil ich von da an immer wieder versucht habe, mich zu fragen, was ich möchte. Heute bin ich mir dieser Situation mehr bewusst, und ich frage mich, wie es so kommen konnte?

Meine Erkenntnis ist, dass ich meine Amazone oft ins Feld geschickt habe, aber nicht für mich. Meine Identität setzte sich aus Rollen gegenüber der Umwelt zusammen. Aber die Rolle des Ichs war nicht dabei. Wenn ich mir das so überlege, habe ich mich in diesen Jahren wie langsam aufgelöst. Als ich noch auf Turnieren ritt, war meine eigene Identität noch präsenter. Weil du nicht ein Hindernis anreiten kannst, wenn du nicht bei dir bist. Nach der Fehlgeburt habe ich damit aufgehört, weil ich nicht mehr ein Hindernis anreiten konnte. Etwas war weg, und ohne das ging es nicht. Die Amazone versuchte ich noch zu aktivieren, doch es funktionierte nicht.

Jetzt fühle ich deutlich, dass ich den Archetypen wieder etwas aktiviert habe, doch fehlt noch einiges, damit sich mein Selbst sicher und wohl fühlen kann. Ich habe auch beim Durchlesen meiner Archetypen-Beschreibung bemerkt, wie ich den Kern des Kriegers unbewusst vermieden habe. Darum habe ich mich entschlossen, diesen neu zu überarbeiten. Er gehört in meiner Archetypen-Heldenreise zum Schritt „Herz der Kreatur", und ich erkenne nun auch warum. Die Amazone und der Krieger sind die Stützen für mein Wesen in der irdischen Welt. Ohne sie werde ich meine Bestimmung oder mein Leben nicht effektiv leben können.

Dieser Archetyp steht im Dienst des dritten Chakras. Das Chakra der persönlichen Macht. Seine Botschaften sind: „Ehre dich selbst", Selbstachtung, Selbstdisziplin, Ehrgeiz, Fähigkeit zu handeln und Krisen in den Griff zu bekommen, den Mut, Risiken einzugehen, Großzügigkeit, moralische Grundsätze und Charakterstärke.

Die Energien, die in diesem Chakra zusammenkommen, haben das Ziel, uns zu helfen, in unserem Selbstverständnis zu reifen – in der Beziehung, die wir zu uns haben, in der Art, wie wir auf unseren Beinen stehen und uns um uns kümmern.

Dieses Chakra bereitet mir schon etwas Mühe mit

seinen Herausforderungen. Oder klarer ausgedrückt: Es ist für mich die Herausforderung!

Anhand der innewohnenden Ängste wurde mir das nochmals deutlich: Angst vor Zurückweisung und Kritik, Angst davor, sich zum Narren zu machen oder an der eigenen Verantwortung zu scheitern; sowie alle Ängste in Bezug auf das körperliche Erscheinungsbild.

Im Moment erlebe ich immer mal wieder vehemente Ausbrüche, wenn ich mich selbst schützen möchte. Doch gerade die Vehemenz sagt mir, dass ich noch am Suchen bin. Da ich meine Grenzen lange nicht wahrgenommen hatte, sind sie nun strapaziert.

Meine große Frage zurzeit ist: Wie schütze ich mich am effektivsten, und wie bleibe ich präsent? In dieser Thematik liegt meine Aufgabe. Ich nehme wahr, wann meine Grenzen tangiert werden, doch ich spüre, dass ich noch mehr in meiner persönlichen Macht sein müsste, um effektiv reagieren zu können. Ein ganz großer Herzenswunsch von mir ist: Bei mir selbst bleiben können und dadurch meine Schwäche zur Stärke machen.

Ich habe nun aufgrund meiner Energieschwankungen versucht, mehr über die Grenzverwaltung herauszufinden. Dabei bin ich auf einen für mich hilfreichen Ansatz gestoßen: Nur schauen, nicht anfassen! Mein bisheriges Vorgehen war: so viel wie möglich spüren, damit ich die Energien lesen kann. Doch je mehr ich von den fremden Energien aufnehme, durchs Spüren, umso mehr ergibt sich ein Chaos, weil ich inexistent werde, sprich nicht präsent bleibe.

Meine nächste Arbeit wird sein, mir da eine bessere Technik und Fähigkeit anzueignen! Spüren, ohne aufzunehmen, bei mir selber bleiben, *"luege nid alange"* (schauen nicht anfassen). Mir Zeit geben, genug ist genug. Spezielles ist einfach!

Ich bin sehr froh, dass ich mich nochmals mit diesem Archetypen befasst habe. Die Reihenfolge der Archetypen haben sie selber bestimmt, und ich habe mich dann auf die jeweilige Welt eingelassen. Nur dieser wollte mir nicht recht gelingen. So, als ob man ein zu wenig scharfes Curry isst!

31
Opfer, Täter, Retter – eine Dreiecksbeziehung

Waltraud Schögler

Sie war vom Schicksal gebeutelt. In der Familie fühlte sie sich ungeliebt, der Vater starb an Krebs, kaum dass sie siebzehn Jahre alt war. Zwei Jahre später erhängte sich ihr lebensmüder erster Freund. Mühsam hielt sie sich auf den Beinen, machte ihre Ausbildung fertig und ging ihrer Arbeit nach. Die Liebe zu den Pferden hielt sie am Leben.

Sie kaufte sich ein Fohlen und war im siebten Himmel. Nicht lange – das Fohlen verletzte sich, der Bauer war schuld, weil der Zaun mangelhaft war. Die Behandlung in der Klinik kostete Unmengen, aber die Stute zeigte Lebenswillen und kämpfte. Nach dem Anreiten zeigte sich, dass ihr Knie unter dem Reiter nicht belastbar war. Der Bereiter war schuld, weil er viel zu viel gefordert hatte. Sie wechselte den Stall, aber auch hier wurde sie Opfer des Schicksals: Am Reitplatz war immer zu viel los, um vernünftig mit dem Pferd arbeiten und trainieren zu können. Im Nachbarpaddock befand sich ein unerzogenes Pferd, das ihrer Stute und ihr das Leben schwermachte. Als Stallpartner wurde ihrer Stute ein vernachlässigtes Rentnerpferd zugeteilt, um das sie sich nun ebenfalls kümmern musste, weil es ja sonst niemand tun würde. Die Stallbesitzerin fütterte zu wenig, und die Miteinsteller stahlen wie die Raben.

Beruflich hatte sie sich mit viel Fleiß ein eigenes Geschäft erarbeitet. Aber auch hier lauerten die Neider, ständig war sie das Opfer von Intrigen und Verschwörungen. Ihre Mitarbeiter ließen sie im Stich, obwohl sie so gutherzig und großzügig auf ihre Wünsche einging. Sie kam nirgends zur Ruhe.

Ihre Stute war mittlerweile elf Jahre alt und noch immer nicht reitbar. Sie war auf der Suche nach einem zweiten Pferd, damit sie endlich wieder reiten konnte. Es sollte ein kleineres, handlicheres Pferd sein. Das erste Pferd, das sie probierte, warf sie nach einigen Runden im Viereck ab. Schuld war der Verkäufer, weil er ihr ein völlig ungeeignetes Pferd angeboten hatte. Sie suchte weiter und fand endlich einen Wallach, in allem völlig konträr zu dem, was ihre Stute darstellte. Sie kaufte ihn. Am nächsten Tag stürzte sie über eine liegengebliebene Flasche auf der Kellerstiege, ihr linkes Knie musste operiert werden, weil alle Bänder gerissen waren. Schuld war der Nachbar, der die Flasche dort vergessen hatte. Monatelang war an Reiten nicht zu denken. Sie hinkte mit demselben Knie wie ihre Stute.

Sie ließ den Neuen bei mir im Stall und stellte nach einigen Monaten ihre Stute dazu. In dieser Zeit war sie endgültig zum Schluss gekommen, dass jeder nur Streit mit ihr suchte, sie völlig ungerechtfertigt beschuldigte und ihre Stute die Boshaftigkeiten der Menschen ertragen musste. Sie brauchte einen Retter in der Not, der sie verstand und beschützte und das sollte ich sein.

Ich war überzeugt davon, dass ich in der Lage sein würde, eine gute Balance zwischen ihren und meinen Ansprüchen wahren zu können, dass ich meine Grenzen gut genug kannte und dass meine Impulse Hilfe zur Selbsthilfe sein könnten. Ich brachte ihr also viel Verständnis entgegen, sie konnte sich bei mir ihr Leid von der Seele reden und sie genoss die Unterstützung, die sie im Umgang mit ihren Pferden von mir erhielt. Ihre Erzählungen stießen bei mir auf verständnisvolle Ohren, die gelegentlich angedeuteten Vermutungen, dass doch nicht die ganze Welt gegen sie sei, überhörte sie jedoch. Sie zog viel Energie aus meiner und der Zuwendung ihrer neuen Miteinsteller, sie selbst war aber nicht imstande, etwas Positives zurückzugeben. Nur sie litt, jeder kritisierte ihr Verhalten, niemand nahm sie so, wie sie war. Langsam keimte in uns der Verdacht, dass sie gar nicht gerettet werden wollte, dass sie es sich zwischen all den Tätern und Rettern gemütlich gemacht hatte und all die Rettungsangebote sie nur noch mehr in ihrer Opferrolle bestärkten.

Zwei Pferde waren ihr eigentlich zu viel, aber das konnte sie nicht zugeben. Schuld waren ihre Mitarbeiter, die sie immer dann im Stich ließen, wenn sie sich mal einen freien Vormittag gönnen wollte. Die Stute nahm ihr die Entscheidung ab und verstarb an einer Kolik.

Eine Zeitlang konnte sie der neuen Situation sogar etwas Positives abgewinnen, der Tod der Stute hatte ihre Rolle als Opfer untermauert.

Doch ihr Wallach ließ sich nicht manipulieren. Er forderte authentisches Sein ein, wollte sich nicht mit der Rolle des Schmusetiers, des schön frisierten Barbiepferdes zufriedengeben. Er wollte von ihr gesehen und gehört werden und begann zu husten, um so auf sich aufmerksam zu machen. Sie ließ das Pferd behandeln: Energieausgleich, Reiki, Darmsanierung, Leberentgiftung – nur den Husten beachtete sie nicht, der wurde bald zu einem allergischen Asthma.

Als ich vermehrt darauf drängte, dass das Pferd endlich Hilfe in seiner Atemnot bekommen müsste, wurde ich umgehend zum Täter abgestempelt. Schließlich wusste sie selbst genug Bescheid, brauchte doch niemanden, der ihr sagt, was sie zu tun habe. Ihrer Meinung nach sah das Pferd gut aus, was machte das bisschen Husten da schon.

Ich hatte es übersehen: Ohne viel Federlesens hatte sie aus mir und aus ihren Miteinstellern ihr feindlich gesinnte Täter gemacht. Wieder einmal waren alle gegen sie.

Ich musste mir eingestehen, dass ich meine Grenzen schlecht geschützt hatte und dass meine gut gemeinte Hilfe zur Selbsthilfe nun unerwünscht war. Als Retter hatte ich mich auf der Seite der „Guten" gefühlt, als Täter war ich plötzlich auf der Seite der „Bösen" – und nun fühlte ich mich selbst als Opfer. Ich fragte mich, was ich ihr denn angetan hatte, warum sie meine Bemühungen denn nicht mehr würdigen konnte? Ich wollte doch nur, dass es ihr und ihrem Pferd gut geht! Ich litt darunter, dass der Wallach mit seiner Gesundheit für ihre Verbohrtheit bezahlen musste. Ich reduzierte sie darauf, dass sie von mir, von uns nur genommen hatte und selbst nichts zu geben bereit war. Aber das war – wie immer im Leben – nur eine Seite, aber nicht die ganze Wahrheit.

Es war mir nicht gelungen, die Balance zu halten und eine Begegnung auf gleicher Augenhöhe zu schaffen. Indem ich mich in der Rolle des Retters gut fühlte, entstand ein Ungleichgewicht. Sie fühlte sich minderwertig, weil sie meine Zuwendung und Hilfe ohne Gegenleistung angenommen hatte, deshalb musste sie mich schlecht machen, um sich selbst wieder besser fühlen zu können.

Ich erkannte meine eigene Verantwortung an der verfahrenen Situation und sah, dass der lichte Retter immer vom Schatten des Täters begleitet wird und beide sich genauso vom Opfer nähren, wie das Opfer sich von ihnen nährt.

Nach dieser nüchternen Betrachtung konnte ich endlich die energetische Verbindung zu ihr lösen, sie packte ihr Pferd und ihre Sachen und wechselte den Stall.

32
Sterntaler

Silke Frisch-Branderup

Wir kennen wohl alle das Märchen vom Sterntaler. Ein armes kleines Mädchen, dessen Eltern gestorben sind, das heimatlos geworden ist und nichts mehr besitzt als die Kleider, die es am Körper trägt. Von aller Welt verlassen, aber im Vertrauen auf Gott und mit einem offenen Herzen für die Nöte seiner Mitmenschen, die es mit dem letzten bisschen, was es selbst noch hat, zu lindern versucht. Schließlich verschenkt es auch sein letztes Hemd.

> *„Und wie es so stand und gar nichts mehr hatte, fielen auf einmal die Sterne vom Himmel und waren lauter harte blanke Taler: und ob es gleich sein Hemdlein weggegeben, so hatte es ein neues an, und das war vom allerfeinsten Linnen. Da sammelte es sich die Taler hinein und war reich für sein Lebtag."*[3]

---

[3]   Die Sterntaler - und andere Märchen. Vom Wünschen, Hoffen und Glücklichsein, Weltbild Verlag ISBN 3-89604-481-8, Seite 54

Mir begegnete dieser Archetyp während meiner Ausbildung zur Elph-Beraterin. In einem längeren Entwicklungsprozess kam ich in einen Zustand, in dem ich – die ich sonst immer unzufrieden war mit meinem Leben und immer nach etwas „Höherem" strebte – plötzlich nichts mehr vermisste. Es war das Gefühl, NICHTS zu wollen, NICHTS zu haben und NICHTS zu brauchen.

In mir wurde es ganz still, aber in einer kindlichen Leichtigkeit. Alles war gut, so wie es war. Ich hatte NICHTS, aber ich fühlte mich trotzdem unendlich reich. Voller Liebe und Dankbarkeit. Erfüllt. Ich war allein, aber ich fühlte mich trotzdem behütet. Friedliche Einheit mit allem, so wie es war.

Mir wurde klar: Dies ist mein göttliches Seelenkind, das Sterntaler-Mädchen.

Hätte mich jemand um Hilfe gebeten, ich hätte in dieser Situation alles verschenkt, was ich noch hatte.

Für mich ist dieser Archetyp DAS authentische Erfolgsmodell. Aus dem Zustand, eins zu sein mit allem, was ist, und im puren Vertrauen auf unser Höheres Selbst oder das Universum – oder wie auch immer man diese Höhere Macht nennen möchte – können wir uns völlig hingeben, können wahrlich empfangen, was das Leben für uns vorgesehen hat.

Was wir dann schöpfen und kreieren, entsteht nicht aus unserem engen menschlichen Geist, sondern wir können das Geschenk des Universums empfangen und hier auf der Erde in Materie umsetzen. Wir erfahren, dass wir aus einer höheren Ebene gespeist werden und viel mehr geschenkt bekommen, als wir jemals erwartet hätten.

Wenn wir unser letztes Hemd geben, werden wir mit dem Gold aller Sterne beschenkt werden.

33
In den Wolken

Marisa Könitzer

Ich bin einsam, obwohl ich nicht alleine bin.
Ich bin in bester Gesellschaft,
auch ohne einen Menschen weit und breit.

Ich habe Brüder und Schwestern,
obwohl ich meiner Eltern einzig Kind bin.

Ich sehe niemanden, aber ich fühle Dich.
Dein Herz trägt meines, meines trägt Deines.

Der Wind auf meiner Haut,
bringt mir Kunde von meinem Stamm.

Ich sehe Euch, Brüder und Schwestern.
Ich sehe Euch – in den Wolken.

34
Alles kommt zu dem, der warten kann?

Die Ungeduldige

Bettina Löber

Hier kommt es, das ultimative Bekenntnis: Ja, ich bin ungeduldig! Und es geht mir richtig gut damit, vielleicht zum ersten Mal in meinem Leben. Ich habe ihn tatsächlich gefunden, diesen inneren Punkt völliger Akzeptanz. Das bin ich, und es macht mich stark und unabhängig.

Wie oft wohl wurde mir in meinem bisher etwa fünfzigjährigen Leben vorgehalten, dass ich „nicht warten kann"!?

Dass ich zu ungeduldig bin.

Implizit die Botschaft, dass ich dadurch „falsch" bin. Man ist nicht ungeduldig. Das ist respektlos und egoistisch, zeigt Schwäche und mangelnde Beherrschung ... o weh – o weh – o weh.

Noch vor etwa drei Jahren war ich zutiefst verunsichert.

„Alles kommt zu dem, der warten kann", das ist zweifellos ein weiser Spruch. Aber es kommt darauf an, was ich mit „warten" meine – zugucken, wie pulsierende Lebendigkeit zerfließt, oder bereit sein für das, was der Augenblick für mich bereithält. Denn ich KANN warten! Ich habe sogar ein ziemlich feines Gespür dafür, wann es Sinn macht zu warten. Wer hat eigentlich die Vorstellung erfunden, dass Ungeduldige nicht warten können?

Ich möchte hiermit das Wort „Ungeduld" zum Unwort des Jahres – oder dieses Buches – erheben. Denn es ist total unfair. Wörter mit „Un" als Vorsilbe sind von sich aus ziemlich unfair, weil sie davon ausgehen, dass jemand etwas NICHT hat, was man haben müsste. Negative Besetzung. Es hat lange gedauert, bis ich durch leidvolle Erfahrungen und Momente der Selbstverleugnung begriffen habe, dass dieses Wort im kollektiven Bewusstsein nur (noch) für die NEGATIVE Ausprägung eines Archetypen steht. Und weil das Wort davon so völlig besetzt ist, würde ich selbst, zusammen mit allen anderen Betroffenen, das Wort auch nicht benutzen, um die Wesensart zu beschreiben, die mir als Kind, als Jugendliche und dann besonders scharf als Erwachsene aberzogen wurde (zum Glück nicht mit dauerndem Erfolg). Ich würde sagen:

Ich bin schnell! Schnelle Auffassung, schnelle Begeisterung und schnelles Handeln. Ich liebe Schnelligkeit! Wenn ich kann, fahre ich gern schnell Auto, und das Reiten im Jagdgalopp auf meinem alten Herrn Shagya-Araber war bis zu meinen beiden Reitunfällen (die nichts mit Schnelligkeit zu tun hatten) der Gipfel der Glückseligkeit.

Nachdem all dies gesagt ist, gebe ich auch zu, dass die

Schattenseite der archetypischen Ungeduldigen für andere ein Gräuel sein muss. Ich selbst gehöre zu den aller-
schlimmsten Ungeduldigen. Oft kann ich gar nicht warten, bis jemand anders ausgeredet hat, weil ich nach
einem Drittel des Satzes schon weiß, wie er zu Ende geht.
Ich meine es nicht respektlos, aber ich würde gern schnell
antworten, um dann wieder etwas Spannenderes und
„Sinnvolleres" zu hören. Hier hilft nur Weisheit und
Erfahrung, und die wollen erst mal gefunden werden.
Irgendwann im Alter von fünfzig verschafft sich die innere Einsicht Gehör, dass kein Mensch auf Dauer gesund
bleibt, wenn er (gut getarnt) permanent wie ein Hoch-
spannungsseil vibriert. Schlafstörungen, Verdauungs-
probleme, der Körper hilft der Weisheit an die Oberfläche.
Und es kommt eine Wahrnehmungsverschiebung ins Bewusstsein. Egal, wie lang der Satz noch ist – hier geht es
um Raum, um energetische Balance. Andere Menschen
wollen auch atmen! Warte und fühl einfach nur. Wer ist
es, der da gerade spricht? Faszinierend, diese Ruhe, die er
ausstrahlt. Meine Güte, muss dieser Mensch Geduld
haben! Und er hat eine schöne Stimme ... wenn ich genau
hinhöre, schwingt da viel Lebenserfahrung mit. SO lerne
ich geduldiges Zuhören, und nicht, weil mir andere sagen,
ich sei respektlos – denn das war nie meine Absicht.

Es ist das Handicap der schnellen Menschen, dass sie so
unendlich VIEL warten müssen. Und dass die vermeintliche Ungeduld eine Zwillingsschwester hat, die ebenso
verpönt ist in der Norm-Welt: die Leidenschaft.

Die Schnellen, scheinbar Ungeduldigen, sind oft auch
leidenschaftliche Menschen. Wir haben Feuer! Und
wir zündeln gern. Innerlich schwelende Glut ist immer

vorhanden. Da braucht es nicht viel Luft und nur eine gute, zündende Idee, schon setzen wir unser Energiefeld in Flammen. Es gibt etwas zu erleben, zu entdecken, zu erforschen, zu ergründen! Es PASSIERT etwas! Wir sind dabei. Wir starten durch, genießen den Augenblick und laufen ins Abenteuer ... und auf einmal schauen wir nach rechts und links, und da ist niemand mehr. Wir drehen uns um und sehen hinter uns, je nachdem am Horizont oder in ein paar hundert Metern Entfernung, unse-re(n) Weggefährten. Also setzen wir uns hin und warten. Genießen die Aussicht, nehmen einen Stock in die Hand und buddeln ein bisschen in der Erde, spitzen unsere Ohren und horchen auf die Geräusche im Wald und auf der Wiese vor uns. Alles ist – noch – gut.

Aber leider verlieren unsere Begleiter da hinten offenbar mehr und mehr an Tempo. Dunkle Vorahnungen überschatten wie Regenwolken unser Gemüt, denn das haben wir schon so oft erlebt. Sie ringen mit Zweifeln. Wollten sie wirklich diese Reise machen und sich diesen Strapazen aussetzen? Zuhause ist es doch schön, wozu das Herumirren? Und so verlieren wir sie in ihrer Komfortzone und stehen nackt und bloß in der frischen Luft, weil wir nicht wissen, wie wir das Feuer nun löschen sollen, das wir für alle entzündet hatten.

Ungeduld und Leidenschaft sind Eigenschaften, die nicht nur in einer „guten" Erziehung, sondern auch in vielen spirituellen Vorstellungen als hinderlich gelten, weshalb sie überwunden werden müssen. Die Erleuchtete sitzt entspannt im Nichttun auf der Matte und wartet geduldig auf das, was Gott ihr geben will. Wie oft werden Seele, Psyche und Körper in einen Topf geworfen – und dann kommen Leitbilder, Klischees und Zwänge dabei heraus, die eine Frau wie mich fünfzig Jahre lang beschäftigen ... bis ich irgendwann tatsächlich einfach durchbrenne ... rein in den Strom, rein in die Heldenreise des Lebens, rein ins Abenteuer!

Als mir dies in den letzten Monaten endlich gelingt, hat mein Gesundheitszustand bereits arg gelitten. Das Immunsystem schwächelt, der Darm ist entzündet, und ich habe Hitzewellen. Feuer-Krankheiten. Zu viel Glut für das Leben, wie ich es bis jetzt führe. Erst ganz allmählich begreife ich, was ich tun kann.

Aufschluss gibt es unter anderem bei Varda Hasselmann. Hier ist die Ungeduldige kein Archetyp, aber eine der Urängste, mit denen sich manche Seelen für eine Inkarnation verbinden, um damit Erfahrungen zu machen. Diese Menschen sind ungeduldig, weil sie Angst haben, etwas zu versäumen. Eine echte Urangst, und das stimmt, die kenne ich! Früher hatte ich oft Mühe, die Selbstbeschädigung zu begrenzen, die entstand, weil ich aus Angst vor Versäumnis schon am Agieren war, bevor ich Zeit hatte, darüber nachzudenken. Aber mit dem Alter kommt die Reife. Diese Angst habe ich nicht mehr. Inzwischen habe ich entdeckt, wie unendlich reich das Leben ist. Und jetzt erlebe ich mich nicht mehr als ungeduldig, sondern einfach als schnell.

Ohne die Schnellen würde die Erde Mühe haben, sich weiter zu drehen. Es gibt ja viel mehr Behäbige. Viele Menschen verharren lieber in ihrer Komfortzone. Wir Schnellen müssen aufpassen, dass wir überhaupt eine haben, denn wir lieben die Lernzone, die Zone der Bewegung, der Aktion, der Abenteuer! Wir müssen lernen, uns Pausen zu gönnen und ein Nest zu bauen. Und dass wir andere oft stören mit unserer Aufbruchsstimmung.

Auch für uns gibt es Heilmittel: Wir brauchen schnelle Menschen als Gefährten um uns herum. Wir müssen lernen, das Spiel mit dem Feuer nicht zu übertreiben, damit der Körper das Leben verkraftet. Wir müssen lernen, das, was hinter uns zurückbleibt, herzugeben. Das Leben macht uns nach und nach zu Experten im Loslassen.

Ich bin sehr dankbar für die Gaben, die ich mit in dieses Leben nehmen durfte, auch für meine Schnelligkeit. Es gibt immer wieder Schmerzen, Wunden und Verluste, immer wieder schaue ich mitten im Laufen nach rechts und links und sehe, dass ich die anderen hinter mir gelassen habe. Wir haben etwas sehr Wertvolles mitbekommen: das Bewusstsein, dass alles im Leben sich ständig wandelt. Prozessbewusstsein. Wenn wir unsere Gaben annehmen, dann ist da Zuversicht: Lauf weiter, hinter der nächsten Biegung wartet schon längst eine neue Erfahrung, eine neue Begegnung, eine neue Erkenntnis. Die Fülle des Lebens ist für viele zu voll, aber für uns ist sie pure Lebensfreude.

Es lebe die Ungeduld!

35
Krafttier Reh – Innerer Schutz

Ulrike Dietmann

Krafttier Reh – seine Rehenergie & die Reh-Krafttier-Medizin.
Wie stark ist deine Reh*energie*?

Der Reh-Energie-Check:
Bevor du diesen Artikel liest, mache bitte den Reh-*Energie*-Check, um deine Reh-*Energie* zu spüren.

- Ich spiele nicht den oder die Starke, wenn ich es gar nicht bin.
- Für mich ist Verletzbarkeit keine Schwäche, sondern ein Zeichen von Mut.
- Ich verstehe es, mich zu schützen, ohne deshalb unberührbar zu sein.
- Ich vertraue darauf, dass für meinen Schutz und meine Sicherheit gesorgt ist.
- Ich muss meine Schwächen nicht verstecken. Sie machen mich menschlich.

- Ich finde immer wieder Zugang zu meiner weichen, nachgiebigen Seite.
- Ich lasse mich nicht von meiner Angst beherrschen, ich umarme sie als Teil von mir.
- Ich fühle mich geborgen und aufgehoben in der Welt.
- Ich fühle mich umgeben von guten Menschen, die für mich da sind.
- Ich bin selbst gern da für andere Menschen und Tiere, die Schutz brauchen.
- Ich achte darauf, dass ich mich nicht verhärte und unfair werde gegenüber anderen.
- Ich vertraue darauf, dass wir alle geschützt sind und von Liebe umhüllt.

Ein verletztes Reh am Straßenrand

Dem Krafttier Reh bin ich zu großem Dank verpflichtet. Es war ein Tag, an dem eine meiner engsten Freundschaften auf dem Spiel stand, wegen einer Reihe von Missverständnissen. In einem Augenblick der Hoffnungslosigkeit erinnerte ich mich, dass ich auf dem Weg zu meiner Freundin ein verletztes Reh am Waldrand gesehen hatte. Mehrere Personen hatten sich bereits vor Ort um das Reh gekümmert, sodass ich weiterfuhr. Jetzt erinnerte ich mich an das Reh.

Frage dich, wie sich ein Tier zeigt

Es ist wichtig, zu beobachten, wie Tiere sich in unserem Alltag zeigen. Auch wenn sie nicht sprechen können und keine E-Mails verschicken, finden sie doch Wege, uns klare Nachrichten zu übermitteln. In welcher Form oder

Situation triffst du das Tier an? Findest oder siehst du ein verletztes Tier? Erscheint ein Vogel auf deiner Fensterbank? Oder springt dir ein Tiger in einer Zeitschrift ins Auge? Wie sieht das Tier aus? Welche Gefühle weckt es? Und taucht es wiederholt auf, richtig hartnäckig, bis du die Botschaft verstanden hast? Erzählt es eine Geschichte? Höre, sehe, lausche genau, die Sprache der Tiere ist sehr fein – und kraftvoll.

Der Mut, sich verletzbar zu zeigen

Meine Freundin und ich, wir waren beide wütend und verzweifelt. Ich war kurz davor zu explodieren. Die Erinnerung an das Reh ließ mich jedoch innehalten. Das Reh lag im Gras am Wegrand für jeden sichtbar in einer für ein Fluchttier sehr verletzlichen Position. Wie es sich wohl fühlte, unfähig zu fliehen und sich in Sicherheit zu bringen? Die plötzliche Verletzbarkeit, die ich bei dem Gedanken an das Reh fühlte, hielt mich davor zurück, etwas Verletzendes auszusprechen oder zu tun. Statt meiner Freundin Vorwürfe zu machen, sprach ich von meiner Traurigkeit darüber, dass es zu diesen Spannungen zwischen uns gekommen war.

Meine Freundin spürte meinen Schmerz, der auch ihrer war und unsere Begegnung nahm eine Wende. Es wurde eine der stärksten und schönsten Begegnungen, die ich mit ihr erleben durfte. Wir verstanden uns auf einer neuen Ebene, nicht nur in unserer Kraft, sondern in unserer Verletzbarkeit.

Kannst du deiner verletzbaren Seite mehr Raum geben?

Das Reh ist ein Lehrer der Verletzbarkeit. Es ist ein wichtiges Krafttier für sensible Menschen, und damit für alle von uns, denn wir alle sind sensibel und verletzbar. Das Reh lehrt uns, dass dies eine Kraft ist und keine Schwäche. Dass Empfindsamkeit etwas Wertvolles ist, dass Sensibilität uns schützt, uns feiner wahrnehmen lässt, unsere Intuition schärft und unsere Einfühlung in andere. Wenn dir das Reh begegnet, frage dich, wie du deiner verletzbaren, sensiblen Seite mehr Raum geben kannst. Vielleicht kannst du dadurch etwas wahrnehmen, das dir zuvor nicht aufgefallen ist, vielleicht kannst du dadurch die Dinge anders sehen und zu dir kommen. Wenn wir die Angst vor unserer weichen Seite verlieren, öffnet sich unser Herz für die Liebe.

Krafttier Reh
Innerer Schutz

UD

36
Die Heilerin

Waltraud Schögler

„Alles, was ist, ist lebendig und beseelt."

Birgit ist eine Heilerin. Sie selbst sieht sich zwar erst auf dem Weg dahin, aber ich erlebe sie als Mensch, der nicht nur mit den Menschen und Tieren in dieser Welt in Kontakt steht, sondern auch mit menschlichen Helfern und Krafttieren aus der Welt der Spirits kommuniziert.

Schon als Kind sprach sie mit den Tieren in ihrem Garten, aber erst jetzt – einige Jahrzehnte später – verfeinerte sie ihr Können und traute sich, dies auch öffentlich zu machen. Sie begann mit einem Pendelkurs und ließ einen Kurs über Tierkommunikation folgen. Zur Zeit beschäftigt sie sich mit Heilen durch Seelencodes, legt die Hände auf und nimmt kranke Tiere mit auf eine schamanische Heilreise. Ich stellte ihr meine Pferde „zum Üben" zur Verfügung.

Randver – sein Name bedeutet *der Gestreifte* – ist ein Isländer-Welsh-Mix und war Katzen gegenüber äußerst unfreundlich gesinnt. Besonders mein Stallkater hatte darunter zu leiden, wenn Randver ihn im Stall oder Auslauf erwischte, biss er nach ihm und jagte ihn mit angelegten Ohren. Oft genug entkam die Mieze nur mit knapper Not. Das war für mich ein ständiges Ärgernis, weil ich beide liebe und diese Aversion auch nicht verstand. Meine Beziehung zu Randver war und ist nicht so eng, dass ich dieses Verhalten als Ausdruck von Eifersucht sehen konnte.

Zwischen Birgit und Randver hatte sich seit einiger Zeit eine vorsichtige Freundschaft entwickelt und nun fiel ihr dieses Verhalten meinem Kater gegenüber auf. Wir unterhielten uns darüber, ohne uns sein Verhalten erklären zu können.

„Vielleicht war er in einem früheren Leben ein Hund", sagte ich im Spaß, „und kann Katzen einfach nicht leiden."

Wir lachten beide, doch dann sagte Birgit: „Eigentlich wollte ich immer einen gescheckten Hund – und jetzt habe ich ein geschecktes Pferd, das sich benimmt wie ein Hund!"

Wir lachten noch mehr, denn Randver liebt es, Plastikhütchen zu apportieren. Er spielt für sein Leben gern, findet Regenschirme, Plastikplanen, überhaupt jegliches Spielzeug hoch interessant!

Birgit lud Randver zu einen „Gespräch" ein. „Was ist das zwischen dir und den Katzen?", fragte sie ihn.

„Katzen sind doof!", kam die prompte Antwort.

Birgit war konsterniert. „Wie? – Katzen sind doof?"

„Ja", bekräftigte Randver und stampfte mit dem Vorderhuf auf.

Birgit lehnte sich zurück und sagte sanft: „Nein,

Randver, Katzen sind nicht doof. Sie sind sehr nützliche Wesen und haben genauso ihre Lebensberechtigung wie du. Ich wünsche mir, dass du diese Katze und auch alle anderen Katzen, die dir begegnen, in Ruhe lässt."

Er wandte den Kopf ab, als wollte er dies nicht hören, gleichzeitig aber leckte er sein Maul (eine Bestätigung in der Pferdesprache), dann ging er davon.

Am nächsten Tag – ich wusste noch nichts von diesem „Gespräch" – bemerkte ich, wie mein Kater durch den Pferdeauslauf wanderte und sich genüsslich zum Putzen niederließ. Mir stockte der Atem, weil ich sah, dass er das ausgerechnet in der Nähe von Randver tat und wollte schon losstarten, um ihn zu „retten" – doch es passierte NICHTS. Voller Erstaunen beobachtete ich, wie Randver den Kater einfach ignorierte, obwohl er fast vor seiner Nase saß. Ich konnte es nicht fassen!

Noch am gleichen Tag erzählte ich Birgit von diesem unglaublichen Erlebnis, sie meinte nur trocken: „Er hat es mir versprochen, es nicht mehr zu tun."

„Was?" Ich machte große Augen, da erzählte sie mir von ihrem Gespräch.

Ich beobachtete Randver in den nächsten Wochen sehr genau, ganz konnte ich es nicht glauben, doch er hält sein Versprechen, mein Stallkater und seine kätzischen Besucher aus der Nachbarschaft haben nichts mehr von ihm zu befürchten.

37
Das Haus

Diana Krahn

Ich habe im letzten Jahr einiges lernen müssen. Das Wichtigste war die Erkenntnis, was es heißt, etwas „zu wollen" versus etwas „zu brauchen".

So war es mein Traum, ein kleines Häuschen zu finden, abseits gelegen, mit einem großen Grundstück. Eine Ranch, das wäre das Optimale. Draußen in der Natur, fernab von allem. Gerade hier in der Gegend sollte das möglich sein, weil es hier wenig Arbeit gibt und damit nur wenige hier wohnen wollen. So war es auch bisher, aber so ist es nicht mehr ganz. Immer mehr Menschen entdecken diese reizvolle Landschaft. Viele Berliner wollen raus aus der Stadt und kommen hierher.

Ich habe nichts gefunden. Lange kämpfte ich mit mir. Meinen Traum aufgeben? Nein, das habe ich doch gelernt: Träume nicht dein Leben, sondern lebe deinen Traum. Also aufgeben – geht nicht. Aber dann fiel mir auf, dass ich meinen Traum dem Ego überlassen hatte. Es schmückte alles aus, ein Märchen, das mich eher stresste als zufriedenstellte, denn ich würde irgendwo da draußen alleine leben und wieder viele Dinge allein machen. Mich zurückziehen, so wie ich es schon vorher getan hatte. Nein, da stimmte etwas nicht. Trotzdem, ich hielt daran fest, bis ich irgendwo las, dass man im Leben immer alles bekommt, und zwar alles, was man „braucht".

Das Wort ließ mich nicht mehr los, und plötzlich war mir klar, was wirklich wichtig war. Ein Haus ohne Schulden bei der Bank (Freiheit), ein Haus, dessen Alleineigentümer ich bin (Verantwortung für ein Projekt übernehmen, ein Riesenschritt für mich), ein Ort mitten unter Menschen (Gemeinschaft) und ein Zuhause für die Tiere, meinen Freund und für mich.

Nun verstand ich auch, warum ein ganz bestimmtes Haus, das so gar nicht meinen Phantasien entsprach, mir an den Fersen blieb. Wie hatte ich mich gewunden und Argumente gesucht, um es nicht zu nehmen. Alle um mich herum rauften sich schon die Haare, weil ich mir so eine Chance entgehen lassen wollte.

Auf einmal sah ich das Haus mit anderen Augen – es war auch zu ungewöhnlich, dass alles klappte, der Preis, … was ist das?

Es ist ein großes Haus (vier Wohnungen), das Grundstück reicht für einen Pferdepaddock, Wiese muss ich dazu pachten. Ich habe das Haus, ohne Schulden bei der Bank machen zu müssen, gekauft, und es liegt mitten im Ort! Meine Freundin zieht nun in dasselbe Dorf, und wir wollen ein Gemeinschaftsprojekt starten.

Aber das Haus sollte noch mehr bieten!

Dass Menschen und Tiere Spiegel sind, ist ja allgemein

bekannt, aber dass selbst Häuser Spiegel sein können, nein, davon hatte ich noch nichts gehört. Von diesem Haus habe ich gelernt, dass Häuser Spiegel sind und dass sie leben. Nicht, dass ich nicht schon vorher Häuser als etwas Lebendiges gesehen hätte, aber mir gleichwertig, hm, das noch nicht. Dazu eine Begebenheit, die ich noch heute aufregend finde.

Da ich das Haus nicht haben wollte und es mich aber nicht losließ, beschloss ich, eine Meditation durchzuführen. Eigentlich nur, um endlich Ruhe zu bekommen. Plötzlich fand ich mich im Haus wieder und hörte deutlich die Botschaft, dass ich dem Haus Liebe geben sollte. Nun, okay, warum nicht, also tat ich es. Auf einmal fingen das Haus und ich an, uns zu drehen, die Formen verschmolzen, und ich verschmolz mit dem Haus. Wir waren beide nur noch Energie, reine Energie, vermischt, ineinander verwoben, schlicht und einfach eins. Ein unbeschreibliches Gefühl.

Als wir uns trennten und wieder unsere Formen annahmen, spürte ich eine neue Freiheit. Ich hatte das Gefühl, die alten Vorstellungen loslassen zu können, und nicht viel später erkannte ich, was mir eigentlich wirklich wichtig war.

Nicht die äußere Form war wichtig, sondern der Inhalt!

Auf einmal machte es Sinn, dass das Haus mitten im Ort liegt, dass es vielen Menschen Platz bietet. Wollte ich nicht ein Dorf der Lebendigkeit gründen?! Das war mir doch mal so wichtig gewesen! Es machte Sinn, dass mein Freund Maurer ist und sich wie kein zweiter im Altbausanieren auskennt.

Und noch etwas fiel mir auf. Der Zustand des Hauses, die Sanierungen, die durchzuführen sind, die Zeit, die es brauchen würde, alles ähnelte doch verblüffend meinem eigenen Seelenzustand. Es ist ein solides Haus, aus Ziegeln gebaut. Im Keller stand, je nach Wetterlage Wasser. Heute ist der Keller noch feucht, weil alter Schlamm, Asche und vergammeltes Holz nicht entsorgt wurden. Der letzte Mieter ist vor Monaten schon ausgezogen. Von da an war das Haus zugeschlossen. Kein Lüftchen verirrte sich mehr in das Haus.

Ein Spiegel meiner selbst.

Ich bin ein großes Haus mit vielen kleinen, großen, schmalen und verwinkelten Räumen. Was Gefühle (Wasser) anbetrifft, war ich schon immer nah am Wasser gebaut (das Haus steht auf einem Untergrund, wo der Grundwasserspiegel sehr hoch ist). Es gab Zeiten, da durften die Gefühle fließen (früher wurde der Keller entwässert, sodass er trocken war). Dann gab es Zeiten, wo ich meine Gefühle nicht mehr zuließ, den Schlamm (die Erfahrungen aus der Vergangenheit) im Keller einschloss und nichts mehr rausließ. Allmählich saugte der Schlamm das Wasser auf und hielt es im Keller. Gefühle waren nun mit Erfahrungen aus der Vergangenheit verknüpft. Ich konnte und kann manchmal heute noch Situationen nicht wert- und urteilsfrei beobachten, was oft zu unschönen Reaktionen geführt hat und noch führt, besonders was irrationale Ängste betrifft.

Dann stieg zu manchen Zeiten das Wasser im Keller, aber der Schlamm ließ es nicht gehen und so fing die Verbindung aus Schlamm (Vergangenheitserfahrungen) und Wasser (Gefühle) an, das stabile Haus zu schädigen.

Da ich durch die Erlebnisse in meiner Kindheit gelernt hatte, Gefühle anderer Menschen nicht nur wahrzunehmen, sondern sie auch noch gleich als meine eigenen anzunehmen, suchte ich oft die Gesellschaft von Menschen, die mich nicht respektierten, die meine Grenzen überschritten. Denen ich erlaubte, diese zu überschreiten, so wie auch ich die Grenzen anderer überschritt. Die Ausbildung zur Hero's Journey Instruktorin half mir zu erkennen, wer ich bin und was ich nicht bin. Die Folge war, dass ich mich von Menschen trennte, die mich nicht respektierten, so wie die Mieter teilweise das Haus nicht respektierten. Der letzte Mieter zog aus.

Nun bin ich allein in meinem Haus und kann endlich den Zustand desselben sehen, die Vernachlässigungen, die Verletzungen, die Wunden, aber auch die Möglichkeiten, die guten Dinge, die zurückgeblieben sind und die ich nutzen kann. Mir wurde auf einmal klar, dass meine Heilung genauso Schritt für Schritt gehen und auch dieselbe Zeit brauchen würde wie die Sanierung des Hauses.

Ich begann, das Grundstück aufzuräumen. Ich entfernte den Müll vergangener Bewohner und ich hatte das Gefühl, damit den Müll von Menschen wegzuräumen, denen ich unbewusst erlaubt hatte, ihn bei mir abzuladen.

Das ganze Grundstück war von sehr vielen Zäunen durchzogen. Auf einer Seite war eine Mauer aus aufgeschichteten Steinen errichtet. Ich entfernte die Zäune, und Erkenntnisse durchströmten mein Erleben. Sie alle zu erzählen, würde den Rahmen sprengen. Das Entfernen kostete mich alle Kraft, denn das Drahtgeflecht war durchwurzelt, die Pfähle mindestens einen Meter tief im Boden verankert, eine Wahnsinnsarbeit. Ich bat meinen Freund um Hilfe, ich, die ich gerne alles alleine mache und immer mit mir hadere, dass ich nicht Superman bin, was Kraft anbelangt. Da er nicht immer Zeit hatte, musste ich mich gedulden, einer meiner schwersten Übungen. Dingen Zeit zu lassen, gibt es in meinem Repertoire so gut wie nicht.

Alles was ich in dieser Zeit getan habe, habe ich bewusst getan. Mit jedem Zaun, der entfernt war, wurde ich freier. Dann wollte und musste ich (es war fast wie ein Zwang) die Mauer abbauen, aber es war so unendlich schwer. Rein physisch konnte ich mir das nicht erklären, bis mir klar wurde, dass diese Mauer ein Synonym für die Mauer um mein Herz war.

In dieser Zeit hatte ich viel Streit mit meinem Freund. Ich war oft verletzt und kam damit nicht zurecht. Ich stand roh da, wehrlos. Es stand mehr als einmal kurz vor dem Aus. Ich schwankte hin und her wie ein wehrloses Blatt im Wind, von Stabilität keine Spur. Aber mit dem letzten Stein, den ich entfernte, hatte ich das Gefühl, bei mir angekommen zu sein. Es ist noch nicht alles stabil, aber ich habe eine Mittellinie gefunden, an der ich mich orientieren kann, wenn es stürmisch wird.

Und schließlich blieb nur ein kleiner Rest des Zaunes übrig. Wieder hatte ich eine Erkenntnis, wofür dieser kleine Rest symbolisch steht. Am nächsten Tag beschloss ich, diesen Rest zu entfernen. Ich stellte mich auf eine schwere Arbeit ein, aber auf einmal fiel der Zaun einfach um und ließ sich leicht aus der Erde ziehen. Obwohl es ja schon oft vorgekommen war, dass sich eine innere Erkenntnis im Außen zeigt, war ich doch überrascht und tief beeindruckt.

Als ich dann den Schlüssel für das Haus in den Händen hielt, war das Erste, was ich getan habe, dem Haus Luft zu geben, es atmen zu lassen. Es war, als könnte ich durchatmen.

Und immer wieder habe ich Erlebnisse mit dem Haus!

Einmal reinigte ich einen Schornstein. Er war total voll mit alter nasser Asche, kein Durchkommen. Ich schuftete schwer, bis ich den Dreck draußen hatte, aber immer noch war kein Lufthauch, kein Durchzug zu spüren. Ich arbeitete weiter, und dann kam alles mit einem Knall runter. All die über Jahre nicht entfernte Asche. In diesem Augenblick hatte ich das Gefühl, als ob mein „Schornstein" gereinigt worden wäre. Dieses Gefühl in mir ist nicht zu beschreiben, so als ob ich einen Kanal nach oben freigemacht hätte, eine Leichtigkeit, die mich fast abheben ließ. Mein Freund beobachtete mich den ganzen Nachmittag und sagte immer wieder, ich wäre so anders (was mir gar nicht aufgefallen ist).

Langsam, ganz langsam ändere ich mich und, ob es verrückt klingt oder nicht, ich nehme meine Erkenntnisse aus dem Haus. Mein Freund sagte letztens etwas Schönes, was ich von ihm nicht erwartet hätte. Er sagte: „Ich hoffe, wir schaffen es, dieses Haus zu heilen, es hat es verdient!"

Das ist deswegen für mich verwunderlich, weil er ein Realist ist, er sieht ein Haus oder Tiere nicht als Spiegel.

Er kennt meine Überlegungen auch nicht. Ich habe sie ihm nicht erzählt, weil ich glaube, dass er das nicht versteht, und doch sagte er „heilen".

Für mich ist dieses Haus eine Reise zu mir, und es gibt mir Hoffnung, vollständig zu heilen und mein volles Potenzial zu entfalten!

Ich weiß nicht, was mich erwartet, aber ich freue mich!

38
Der spirituell suchende Esoteriker

Silke Lohnes

Als ich die Archetypenübersicht in dem Buch „Archetypen –
Erkenne dich selbst und lebe deine Kraft" von Caroline
Myss las, war ich überrascht, dass der spirituell Suchende/
Esoteriker als Archetyp aufgelistet ist. Eigentlich dach-
te ich, das hat mit mir nichts zu tun, ist zu abgehoben.
Dann habe ich mich aber irgendwie doch in den Text
„verirrt" und gemerkt, dass das schon ein Teil meiner
Persönlichkeit ist.

Der *spirituell Suchende* wird als ein Mensch beschrieben, der in unserer heutigen Gesellschaft lebt und durch
eine persönliche Krise, zum Beispiel ein gesundheitli-
ches Problem, angefangen hat, sich für die nichtmateriel-
le Welt zu interessieren. Ein Selbsthilfebuch, ein Vortrag
über Spiritualität, eine Meditation haben diese Tür geöffnet und die Frage nach dem Sinn des Lebens auf den
Tisch gebracht.

Der *Esoteriker* wird als Mensch beschrieben, der seiner
inneren Führung bedingungslos vertraut. Der mystische
Weg bringt ihm ein Gespür für die authentische innere

Wahrheit. Er weiß, was im Leben wirklich ist und was nicht. Der Esoteriker hat keine Angst vor der Wahrheit und deren Konsequenzen, er sucht vielmehr danach.

Der *spirituell suchende Esoteriker* ist eine Vermischung dieser beiden Typen. Es reicht eben nicht aus, wie der spirituell Suchende immer nur zu suchen und nichts im eigenen Leben zu verändern. Genauso wenig aber ist in unserer modernen Gesellschaft Platz für Mönche und Nonnen, und nur für wenige Menschen wäre ein so zurückgezogenes Leben im Kloster passend. Der spirituell suchende Esoteriker ist darauf ausgerichtet, *in* unserer Gesellschaft bewusst die Einheit von Körper, Geist und Seele zu leben. Er strebt danach, ein in sich stimmiger, ein authentischer Mensch zu werden ... was eine lebenslange Aufgabe ist.

Ich habe mich aus einer Krise heraus auch auf den spirituellen Weg begeben. Meine damaligen – wenig hilfreichen – Vorstellungen von Religion und Glauben musste ich ablegen und mich auf die Suche nach einem tieferen Sinn begeben. Warum bin ich hier? Was ist der Zweck meiner Existenz? Warum passiert das alles? Ich habe erkannt und gespürt, dass es jenseits der Religionen oder vielleicht sogar als Kern aller Religionen eine Kraft gibt, die mich führt und im Leben leitet, die mir Kraft gibt, wenn ich ihr vertraue. Das Gefühl dieser Führung ist in den letzten Jahren, in denen ich mich mit verschiedenen Themen der Spiritualität und Persönlichkeitsentwicklung beschäftigt habe, immer stärker geworden.

Caroline Myss schreibt, dass die Wahrheit dem spirituell Suchenden Freiheit bringt. Das klingt logisch, ist aber bei genauerem Betrachten gar nicht so einfach. Wie oft haben wir alle möglichen Ausreden, um nicht die Wahrheit aussprechen zu müssen. Wir wollen andere nicht verletzen, wollen den Frieden aufrecht erhalten usw. und bauen dadurch unser Leben auf Selbstbetrug auf. Das Aussprechen der Wahrheit ist deshalb auch so angsteinflößend, weil es ein ganzes Leben, das auf Lügen oder Illusionen errichtet ist, wie ein Kartenhaus zusammenfallen lässt. Und doch ... genau dieses Zusammenfallen wird früher oder später eine erlösende Freiheit bringen.

Als spirituell Suchender muss man lernen, dass nur die „gelebte" Wahrheit befreit und dass sie entscheidend ist für die Gesundheit von Körper, Geist und Seele. Kostet mich das so viel Energie im Moment? Dass ich meine innere Wahrheit verleugne? Ich habe etwas aufrechterhalten, obwohl es für mich innerlich nicht mehr stimmig war! Und ich halte es teilweise immer noch aufrecht. Warum tue ich das? Was hält mich davon ab, meine Wahrheit zu leben ... wenn ich doch spüre, genau das würde mich befreien?

Der Schatten des spirituell Suchenden wird darin beschrieben, dass er überzeugt ist, etwas Besonderes zu sein, nur weil er ein spirituelles Leben führt. Dadurch fühlt er sich den Lebensgesetzen nicht unterworfen. Getreu dem Motto: Wenn ich täglich meditiere, bin ich vor allen Schicksalsschlägen geschützt.

Aber die Aufgabe der Spiritualität ist es nicht, die natürliche Ordnung des Lebens zu überwinden. Stattdessen hilft sie uns, mit der Lebenswirklichkeit – wie auch immer diese aussehen mag – im Fluss zu sein.

Dauerhaftes Glück kann man nur finden, wenn man sich immer wieder mutig damit konfrontiert, wer man ist, was man empfindet, woran man glaubt und wie man sein

Leben wirklich führen will.

Spirituelle Praxis wie Meditation belebt die inneren Ressourcen und aktiviert die Intuition. Dadurch können wir besser unser inneres Gleichgewicht bewahren und kommen in Kontakt mit unserer eigenen inneren Wahrheit.

Vieles, was ich in den letzten Jahren und Monaten ausprobiert und erfahren habe, hat mich auf diesem Weg gestärkt. Nachdem ich mich jetzt mit diesem Archetyp beschäftigt habe, ist mir sehr klar geworden, dass es für mich in der momentanen Situation besonders wichtig ist:

- Meine Wahrheit zu leben! Und das heißt, mir selbst gegenüber ehrlich zu sein ... bei meinen alltäglichen Entscheidungen!
- Wieder Raum zu schaffen für meine regelmäßigen Meditationen.
- Bewusst nach innen zu gehen, um mich mit meinen inneren Qualitäten und auch mit meinen inneren Hürden auseinanderzusetzen.

39
Aine, die Feenkönigin

Sonja Maria Nowak

Die Feenkönigin, Herzensfreundin seit meiner Kinderzeit, die mich immer wieder hinführt, meine Entscheidungen aus vollem Herzen zu treffen und dann den Sprung ins Neue und Ungewisse zu wagen.

Die Feen stehen mir schon seit meinen Kindertagen zur Seite. Immer, wenn ich das Gefühl hatte, ich gehöre nicht hierher, was mache ich hier, keiner versteht mich (und das war fast immer so), bin ich zu meinem „Königreich" im Wald gegangen, dort war ich zuhause, wurde verstanden, geliebt, dort ging es mir gut. Dort waren die Feen und dieser Kontakt war magisch und „beseelend".

Die Feenkönigin aus dieser Zeit begleitet mich bis heute. Ich habe sie auch recherchiert. Sie ist Aine, eine keltische Göttin und Feenkönigin, die aus ihren Liebesaffären mit sterblichen Männern viele Feen geboren hat. In Irland wird sie verehrt, weil sie das Getreide wachsen lässt und das Vieh beschützt. Man kann sie um Hilfe bitten, wenn man zusätzlichen Rat braucht oder den Mut, ein Risiko einzugehen.

Aine steht für den Sprung ins Ungewisse, ein Risiko eingehen und entsprechend der Sehnsucht des Herzens handeln. Immer wenn ich den Mut aufbringe und das wirklich tue, passieren Dinge, die magisch oder zumindest mit dem „logischen Verstand" nicht erklärbar sind.

Die Botschaft von Aine ist – wenn ich mich an die Umsetzung meiner Träume nicht heranwage, werden sie sich nicht verwirklichen. Unentschlossenheit ist der Tod für die Sehnsucht der Seele nach Wachstum, Entwicklung und Lernen. Wenn ich nicht mehr Angst habe, ich könnte mich falsch entscheiden, sondern wirklich den Weg gehe, den meine Seele sich wünscht, dann öffnen sich Türen, wo sonst nur Mauern sind. Ich muss mir nur Sorgen machen, wenn ich gar keine Entscheidung treffe, denn dann ist Stillstand.

Wenn ich mir Zeit und die Ruhe und Achtsamkeit für meine wirklichen Bedürfnisse nehme, meditiere oder in die Natur gehe, auch recherchiere, was hilfreich sein kann auf meinem weiteren Weg, ist das etwas, was mir bei der Entscheidungsfindung hilft – wichtig ist, ich muss die Entscheidung treffen!

Wenn ich die Entscheidung wirklich mit ganzem Herzen getroffen habe, sind die universellen Energien sofort unterstützend spürbar und Türen öffnen sich wie von Zauberhand. Der Zauber besteht wirklich darin, dass ich mich für etwas entschieden habe!

Diese Absicht setzt die magische Reise in Gang. Darauf vertrauen, dass meine Intuition mich klar und deutlich führen wird. Und dann hineinspringen in die Umsetzung meiner Träume. Nichtzögern und nichts auf später verschieben!

Wirklich etwas tun zur Verwirklichung meiner Träume, nicht nur die Vision haben, sondern auch die einzelnen umsetzbaren Schritte dafür machen, dass ich leichter anfangen und weitermachen kann, daran scheitert es dann immer mal wieder.

Die Umsetzung eines meiner Träume oder Herzenswünsche ist die Arbeit mit Pferden und Menschen, mit der Heldenreise und allem was ich sonst bisher gelernt habe, was ich kann, was ich lebe und was ich zu geben habe. Das ist es, wofür mein Herz brennt, was ich tun möchte, und meiner Intuition vertrauend, auch tun soll. Es ist Zeit, dass ich mich dem Zauber hingebe und die magische Reise losgehen kann.

Nichts mehr auf später verschieben, gehen. Ich gehe oft in die Natur und spüre die Feenwesen und ihre Anwesenheit, sie strahlen, tanzen, ich fühle die Leichtigkeit, die Freude. Sehe, wie sich regenbogenfarbiges, schimmerndes Licht aus dem Kosmos in der Natur und der Erde verankern und bin glücklich, dankbar und beschwingt. Genieße die sanfte, märchenhafte, magische Stimmung und weiß, alles ist richtig und alles kommt für mich so, wie es kommen soll.

Wo ich immer wieder „steckenbleibe", sind die materiellen Bedürfnisse, die befriedigt werden wollen – sollen – müssen. Das funktioniert einfach noch nicht so gut, ich bin nicht sicher, ist es immer noch das mangelnde Urvertrauen, wo lasse ich mich noch nicht richtig ein? Was hindert mich daran, will erlöst oder gesehen werden? Wo verliere ich meine Leichtigkeit, die Freude, den Zauber, das Wissen, dass zu jeder Zeit alles da ist und für mich gesorgt wird? Wenn ich das finde, den Schatten sehe und annehme, dann darf es im materiellen Bereich auch leicht gehen und fließen.

Ich weiß, der von mir gewählte Weg ist richtig und ich ermächtige mich jetzt selbst, die magische Reise weiter zu machen. Ich vertraue wirklich darauf, dass sich die entsprechenden Türen wie von Zauberhand öffnen werden und die Angebote und Möglichkeiten sich ergeben. Ich öffne mich dafür, dass Unterstützung von Seiten kommen kann, die ich mit dem Verstand vielleicht als unmöglich erachte oder als „kann ja gar nicht sein", abtue. Und ich übe mich weiterhin darin, zu vertrauen und das alles mit der von den Feen verkörperten kosmischen Liebe und wahren Herzenskraft. Feen stehen laut meiner Recherche auch in Verbindung mit dem Planeten Venus. Im Geburtshoroskop steht meine Venus im Widder, und das fühlt sich dann doch manchmal etwas explosiv an.

Aine, die keltische Göttin und Feenkönigin. Göttinnen verkörpern in der Spiritualität seit uralten Zeiten die weibliche Natur der Schöpfungskraft. Die keltischen Wurzeln von Aine und meine Verbindung dazu bringen mich gefühlt auch wieder in Verbindung mit den Druidinnen, den keltischen Frauen. Wenn ich im Vertrauen und der Leichtigkeit bleibe, so steht mir diese Kraft ebenfalls immer zur Verfügung.

Die Feen, damit auch ich, da ich zu der Fee in mir eine tiefe und herzliche Verbindung habe, stehen in besonderer Verbindung zur Natur. Den Feen zugeordnete Tiere sind insbesondere der Schwan, Schimmel und Hirsch. Mit dem Schimmel schließt sich für mich auch wieder der Kreis, Safeerah, meine Araberstute, das Herz der Kreatur. Sie kam zu mir auf eine Weise, die mit Logik oder Verstand nicht zu erklären ist. Es war magisch und wunderbar. Der Zauber und die Magie wirken, wenn ich wirklich ich bin, authentisch bin und die konditionierten und im Laufe des Lebens übergestülpten Muster und Begrenzungen einfach gehenlasse. Die Kontrolle loslasse. Sie haben keine Macht mehr, wenn ich wirklich im Vertrauen auf das Universum bin. Eigentlich ganz einfach ☺. Safeerah ist der lebende, mir absolute Freude und Glück bringende Beweis dafür. Ich weiß, den Beweis sollte es nicht brauchen, tut es auch nicht, aber dennoch ist es schön, und ich glaube, für meinen Verstand sind diese Beweise echt hilfreich. Wenn das so ist, ist es auch gut, denn so, wie es ist, so ist es richtig; so, wie es ist, so soll es sein.

Mein Gefühl, auf dem brennenden Weg der Sehnsucht zu sein, ist intensiv und ständig da. Das ist erfüllend und wunderbar für mich. Und was auch immer noch an Begrenzung und Lernaufgaben auftauchen mag, ich weiß, dass ich es annehmen werde, denn der von mir gewählte Weg ist richtig für mich.

40
Die Heitere, Zufriedene –
Wu Wei

Corinne Roll

Auch diese Momente gibt es. Bewusst erlebt, sind sie doppelt köstlich.

Nachahmung wird empfohlen.

Eine Zufriedenheit, in der nichts fehlt. Alles darf so sein, wie es ist. Die Welt fühlt sich rund, harmonisch und einfach schön an. Der Flow läuft in die richtigen Bahnen. Möglichkeiten ergeben sich einfach aus dem scheinbaren „Nichts"-Tun. Die Ereignisse richten sich, vielleicht weil die guten Geister, die Engel, die Elfen oder sonstige Kräfte und Mächte im Hintergrund die Fäden gezogen haben. Ein Gefühl der Verbundenheit mit allem stellt sich ein. Als wenn die Welt sich entschlossen hätte, sich

---

4   Die heitere zufriedene Wu Wei ist Teil des Kartensets EVA Projekt. Ein Veränderungsspiel mit Archetypen, Rollen, Facetten, Dimensionen und Perspektiven, von Marlies und Klaus Holitzka, Arun-Verlag 2010

einem zuzuneigen.

Ich erkenne die Schönheit der Welt im Detail, in den kleinen Dingen im täglichen Leben. Im Sonnenaufgang, Sonnenuntergang, der Wolkenformation, im Farbspiel. Auch im Anruf, der genau dann kommt, wenn ich an eine bestimmte Person denke. Der Moment, der eigens für mich ist, den nur ich genauso wahrnehme, wie es sich gerade anfühlt und präsentiert.

Nichthandeln, absichtslos sich dem Moment hingeben. Im Hier und Jetzt widerstandslos die Dinge so annehmen, wie sie gerade sind. Es fügen sich Wünsche und Bestellungen ans Universum wie von Zauberhand. Die Welt gestaltet sich, eingestimmt auf die Dinge, deren Lösungen sich von selbst präsentieren.

Es ist eine Geisteshaltung, die sich an der Gegenwart orientiert, Vergangenes hinter sich lässt, ohne ihm nachzuhängen. Eine Auseinandersetzung war gestern, jetzt interessiert der Augenblick, und die Zukunft ist noch ungewiss. Die Heitere Wu Wei ist im Fluss des Lebens, und dieser Moment findet jetzt statt. Probleme werden achtsam angeschaut, und es zeigen sich Lösungen. Auch bei schlechten Nachrichten bleibt der Gemütszustand der Zufriedenheit bestehen.

Gelassenheit. Es wird registriert, was sich gerade ereignet, doch es folgt der Modus der Erkenntnis, „wer weiß, für was es gut war".

Wu Wei ist eine Lebenseinstellung. Es gehört eine gehörige Portion Selbsterziehung und positives Denken dazu, um einen gelassenen, harmonischen und zufriedenen Gemütszustand in unserem hektischen Alltag beizubehalten. Wu Wei ist ein Glückszustand, für den man sich bewusst entscheidet.

Schon das „so Tun als ob" ist ein magisches Werkzeug, um mehr Lebensfreude und Optimismus ins Leben zu bringen. Beim Glücklichsein schüttet das Hirn Glückshormone aus, die für Wohlbefinden sorgen. Die Zufriedene nimmt sich selbst ernst, doch nimmt sie sich selber nicht so wichtig.

Im Wu Wei-Zustand lache ich viel, bin entspannt, gelassen und glücklich. Humor und Toleranz fördern aktiv das Zusammenleben. Die Heitere in mir läuft dauerhaft zufrieden durch das Leben. Ist gerne gesehen, man findet sie sympathisch. Die Probleme, sofern ich welche habe, gehe ich oftmals lächelnd an.

Ein Erregungszustand ist meist nicht von Dauer. Ein Aufregen besteht aus kurzem Aufbrausen, kurz danach ist die Zufriedene wieder gelassen und optimistisch. Ärgernisse des Alltages werden mit etwas Freudigem wie z. B. dem Lesen eines Buches, dem Auflegen von Musik, dem Malen eines Bildes, dem Kochen einer guten Speise, dem Gespräch mit einer motivierenden Person ausgeglichen. Man beschäftigt sich oder wendet sich bewusst den Dingen zu, die zu Spaß, Spiel und Freude beitragen.

Mein Motto: Suche und finde das Beste in allem und sieh zu, dass der Spaß dabei nicht zu kurz kommt.

Ich erlebe Momente, in denen ich wirklich zufrieden bin, mit dem, was ist. Mein Glas ist voll mit dem, was ich habe und was ich brauche. Meine Mitmenschen nehmen mich ernst, und es entstehen Gespräche mit Tiefgang. Es berührt auf beiden Seiten. Ich bin im Gelassensein nach oben angebunden, was mich inspiriert und kreativ sein lässt. Ideen und Einfälle kommen, die passend sind für meine Umwelt und mich. Ich spüre und fühle, was gerade passt und stimmig ist, um eine Lösung zu finden, die so manchen gordischen Knoten sprengt. Trotz mancher Ernsthaftigkeit der Themen darf es an Spaß nicht mangeln. Tiefe kann man erfahren, im Schweren wie auch im Leichten. Das ist mir während meiner Seminare in der Persönlichkeitsentwicklung sehr wichtig.

Ich höre Sätze wie „Wenn man dich sieht, bist du am Lächeln."

Im Umgang mit den Pferden fällt es mir sehr leicht, diesen Zustand zu halten. Pferde sind nicht manipulativ.

Der Alltag mit seinen vielfältigen Terminen und den Erwartungen, die an mich gestellt werden, macht es mir manchmal schwer. Ich mache gerne die Dinge in der Zeit, die ich dafür brauche. Das Gras wächst auch nicht schneller, wenn man daran zieht. Arbeitszeiten sind für mich Richtzeiten. Hierbei mag ich es nicht, unter Zeitdruck zu kommen.

Ein Prozess des Erkennens während der Coachings ist nicht immer genau zu timen. So gibt es einen Zeitrahmen, doch geht es mir in erster Linie um den Erfolg und die Qualität des Bewusstwerdens im Prozess. Der Zeitrahmen spielt für mich hierbei eine untergeordnete Rolle. Ich denke, ein gesundes Zeitmaß lässt sich gemeinsam finden, sodass jeder Teilnehmer und Coach zufrieden sein kann, in der Relation zu Erfolg und Preis. Es war mir persönlich immer ein Gräuel bei meinen eigenen Prozessen, wenn der Therapeut mitten in der Session abbrach, mit der Begründung, „die Zeit ist um", während in mir das Gefühl hoch kam, ich stünde kurz vor dem ersehnten Durchbruch. Ein, zwei auf den Punkt bringende Fragen hätten die Lösung gebracht.

Auch in der Pferdeausbildung kann ich den Lernschritten des Pferdes nur einen Raum geben. Wie viel Zeit das Pferd letztendlich benötigt? Das geht manchmal schneller, manchmal langsamer. Wichtiger ist es, die Sitzung mit einem positiven Erlebnis zu beenden. Hier unterscheiden sich Menschen in der Erwartung nicht von den Pferden. Die Erfahrung wird durch ein positives Ende nachhaltig abgespeichert.

Ich liebe es sehr, nicht auf die Uhr sehen zu müssen, sondern mich auf das, was ich gerade tue, einzulassen. Dabei vergeht die Zeit oft rasend schnell. Es ist die Zeit, die ich mit dem reinen glücklichen Sein verbinde. So empfinde ich dieses Wirken nicht als Arbeit, es ist eher ein Vergnügen.

In unserer Businesswelt ist es recht schwer, ohne Termine durchzukommen. Man richtet sich nach den Essenszeiten-Arbeitsbeginn-Pausen-Spätschicht-Frühschicht-Feierabend-Schlafenszeiten. Es ist schwer, ohne getaktete Uhrzeit zu leben. So habe ich gelernt, wenigstens meine Freizeit nicht mehr zu verplanen.

Hier vermeide ich es, fixe Termine zu machen. Sehr zum Leidwesen z. B. meiner Mutter, die, wenn sie kocht und zum Essen einlädt, gerne wissen möchte, wann ich denn auftauche. Es gab schon Tage, an denen mir meine Freizeit wichtiger war als das gemachte Essen, weil ich mich dem Zeitdruck nicht aussetzen wollte. Ich mag meine Mutter sehr und auch, Zeit mit ihr zu verbringen, doch die Relevanz und Bedeutung der Essenszeiten für sie, als Rentnerin, unterscheiden sich drastisch von meiner, da ich mich im authentischen Sein, als Pferdebesitzerin, zeitlich komplett verliere. Ich trage zwar eine Uhr, vergesse aber, draufzuschauen.

Das führt hin und wieder zu mächtigem Ärger.

Ich kenne aber auch die Schattenseite des Wu Wei.

Wohl zu analysieren und beobachten, doch Entscheidungen schleifen zu lassen. Manchen Gesprächspartnern nur mit einem Ohr zuzuhören. In der Oberfläche zu verweilen, sich in Oberflächlichkeit zu verheddern. Im Strudel von Emotion hängen zu bleiben und meinen inneren Frieden wieder suchen zu müssen.

Eher mit Gleichgültigkeit als mit Gelassenheit zu reagieren. Probleme nicht wirklich anzugehen, sondern zu versuchen, diese wegzulächeln. Momente, in denen es im Umgang mit anderen an Tiefe und Echtheit mangelt, das Lächeln aufgesetzt wirkt.

Die Umwelt reagiert zwar nicht unangenehm, doch bleibt die Verbindung im Gespräch sehr oberflächlich. Es wird genörgelt, an Dingen und Gedanken gewerkelt, die sich im Moment nicht ändern lassen. So kann sich im Denken und Handeln eine Abwärtsspirale entwickeln, und das Leben wird als zäh und mühevoll empfunden.

Im Gegensatz dazu, fühlt sich der Flow des Wu-Wei-Seins gut an, und es ist für mich erstrebenswert, mir diese Lebenshaltung und Einstellung selbst weiter anzuerziehen.

Die Erklärung des Wu-Wei-Zustands ist aus dem Taoismus. Es bedeutet, es geschehen zu lassen aus der Absichtslosigkeit heraus, ohne inneren Antrieb oder Forcierung der Dinge. Unsere europäische Welt hingegen ist geprägt von stetigem Aktionismus. Wir sind oft im geschäftigen Handeln, sichtbar für die Außenwelt, unter Zeitdruck und doch unzufrieden mit dem sichtbaren Erfolg.

Ein für „Burn Out" prädestiniertes Verhalten.

Manchmal wäre es förderlich, durch ein Nicht-Handeln, aus der Ruhe heraus, die Dinge ohne Anstrengung sich entwickeln zu lassen, aus sich selbst heraus. So entsteht eine Art von kreativem passivem Prozess, der oftmals in seiner Auswirkung wesentlich effektiver ist.

Zu diesem Thema fällt mir ein Film ein von Dr. Wayne W. Dyer.

„Shift" oder „Das Geheimnis der Inspiration" ist der Titel, den ich sehr empfehlen kann. Hier wird sichtbar und man bekommt eine Ahnung, wie, wo und was das Leben aus dem TAO eigentlich ist.

41
Der Cowboy

Bernhard Zeller

Der Cowboy ist vom Aussterben bedroht.
Ehrlichkeit, Mut, Verantwortungsbewusstsein, Entschlossenheit, Freiheitsliebe und Hilfsbereitschaft. Diese Eigenschaften, die, wie sein treues Pferd, Lasso und Colt zum Cowboy gehören, sind heutzutage nicht mehr sonderlich gefragt, wenn nicht sogar unerwünscht.

Früher, als man noch große Viehherden zum Verkauf über das Land trieb, Kälber mit dem Lasso fing, um ihnen ihre Brandzeichen zu geben, oder endlose Zäune abritt, um sie zu kontrollieren, brauchte man Cowboys. Viehherden, Kälber und Zäune gibt es heute noch, jedoch werden die Arbeiten fortschrittlich mit Handys, Hubschrauber, Quadbike, Mikrochips (statt Brandzeichen) und sonstigen Segnungen des 21. Jahrhunderts erledigt. Der einsame Cowboy, der langsam auf seinem Pferd in den Sonnenuntergang reitet, wird bald nur noch als Mythos existieren, denn Zeit ist heutzutage auch im Cowboyleben Geld und damit das Maß vieler Dinge.

Der Cowboy ist ein Mann der Tat.
Große Worte sind nicht sein Ding. Einerseits beobachtet er stundenlang ohne jegliche Regung Situationen, um sie dann abschließend mit einem „Hmm", oder „Yep" zu kommentieren, andererseits reagiert er blitzschnell und instinktiv, wenn Gefahr im Verzug ist.

Ähnlich dem Archetypen „Entdecker", handelt er zuerst und denkt später. Wenn überhaupt. Deswegen ist für ihn eine gepflegte Rauferei oder ein Knochenbruch bei der Rinderarbeit nichts Außergewöhnliches. Ganz nach dem Motto: *No risk, no fun.* Wie ließe sich auch sonst die lange Tradition der Rodeos erklären: Er setzt sein Leben, zumindest aber seine Knochen aufs Spiel, um acht(!) Sekunden auf einem bockenden Mustang zu bestehen! Für uns deutsche Büromänner besticht seine Lebensart deswegen vor allem durch eine gewisse „Hemdsärmligkeit", gepaart mit Mut, Ehrlichkeit und Hilfsbereitschaft.

Er liebt die Freiheit der Prärie,
die Natur und die Tiere. Obwohl er oft ein Einzelgänger ist, arbeitet er gern im Team. Verantwortungsbewusstsein für die ihm anvertrauten Tiere oder Menschen hat er in hohem Maße, und seine eigene Verlässlichkeit sowie die seiner Mitstreiter ist bei der oft gefährlichen Arbeit überlebenswichtig.

Der Cowboy ist ein traditioneller Zeitgenosse.
Das Pflegen alter Traditionen und Lebensweisen hat viele Varianten. Squaredance, Rodeo, Stiefel, Jeans und kariertes Hemd, riesige Gürtelschnallen, Steaks und Apfelkuchen, Pferde, Rinderarbeit und Countrymusic am

Abend sind die eine Seite. Ebenso das Erhalten traditioneller Werte wie Hilfsbereitschaft oder Freiheitsliebe. Völlige Unaufgeschlossenheit gegenüber Neuerungen fast jeglicher Art ist dagegen die Schattenseite. Der Umgang mit Kühen und Pferden, ebenso wie mit Frauen und Kindern, ist teilweise äußerst „traditionell", um nicht zu sagen mittelalterlich. Seine oftmals strenge Religiosität bietet dem Cowboy ebenfalls keine Grundlage für Weltoffenheit. Die Welt ist aufgeteilt in *gut* oder *böse*, *Freund* oder *Feind*, *schwarz* oder *weiß*. Grautöne kennt er nicht, da sie die Dinge kompliziert und uneindeutig machen. Und das ist etwas, was er gar nicht mag: sich auseinandersetzen müssen.

Ehre und Respekt

sind wichtige Dinge für den Cowboy. Wer kennt sie nicht aus unzähligen Westernfilmen: Showdowns auf einer staubigen Straße in „Santa Fe" oder wo auch immer. Ein verletztes Ehrgefühl oder mangelnder Respekt sind nicht hinnehmbare Kränkungen für den Westernhelden. Ob er durch aufgesetztes Machoverhalten oder allein durch sein bestimmtes Auftreten Herr der Lage ist, hängt von seinem Selbstbewusstsein und seiner inneren Zentriertheit ab.

Gerechtigkeit ist dem Cowboy wichtig,

und Ungerechtigkeiten kann er nur schwer ertragen. Allerdings besteht manchmal die Gefahr, dass übertriebener Gerechtigkeitssinn, gepaart mit instinktivem Handeln schnell zu Lynchjustiz führt. Wer in einem Land lebt, in dem ein einzelner Sheriff unter Umständen für

100 Meilen zuständig ist, der nimmt schon hin und wieder mal das „Recht" in die eigene Hand. Prozesse zu führen und seine Ansprüche von Amtspersonen einfordern zu lassen, entspricht definitiv nicht der Vorgehensweise eines Cowboys zur Wiederherstellung von Recht und Ordnung.

Was es heißt, ein Cowboy zu sein,
durfte ich 2011 bei meinem zweiwöchigen Aufenthalt auf einer „Working Ranch" in Colorado zumindest erahnen. Zuerst bei einem fünftägigen Aufenthalt in den Rocky Mountains in 3100 m Höhe mit Zelt, Schlafsack und Packpferden, dann als „Hilfscowboy" auf einer 80 km²(!) großen Ranch mit 800 Kühen und einer 3200 Stück zählenden wilden Bisonherde. Täglich saß ich 6-8 Stunden im Sattel, tagsüber bei Temperaturen um die 38 °C und einer Luftfeuchtigkeit von unter 20 %, sodass mir beim Atmen die Zunge am Gaumen klebte. Weit und breit war kein Baum, der Schatten spendete, und schon im Mai waren die wenigen Wasserläufe in der völlig flachen und sandigen Prärie komplett ausgetrocknet. Zu sehen gab es dennoch Erdhörnchen, Kaninchen, Hirsche und Kojoten, in den Bergen Bieber und Schwarzbären. In der Nacht sank die Temperatur dann schnell auf 0 °C, sodass sich bis zum Morgen Reif auf meinem Schlafsack bildete. Der klare Sternenhimmel über mir funkelte einfach unbeschreiblich, schlicht und ergreifend deswegen, weil es im Umkreis von 50 Meilen keinerlei „Zivilisation" gab und damit kein störendes Streulicht, auch kein Geräusch.

Tagsüber ritten wir oft stundenlang über die Prärie, um die Bisonherde zu suchen und sie dann ein paar

Meilen weiter auf eine „frische" Weide zu treiben. Ebenso kontrollierten wir die riesigen Wasserbottiche, die durch eigens gebohrte Brunnen befüllt wurden und die einzige Wasserquelle für alle Tiere darstellten. Oder für zivilisierte Stadtmenschen wie mich. Völlig ausgetrocknet und mit einer grauen Staubschicht bedeckt, konnte ich es nach einem langen Ritt in der Hitze nicht erwarten, mich an einer dieser runden Wasserstellen zu erfrischen. Als der Bordercollie eines Rancharbeiters Anlauf nahm und schnurstracks in den riesigen Bottich sprang, folgte ich ihm umgehend und sprang vom Pferd aus zu ihm ins Wasser. Was gibt es Herrlicheres, als mit einem Hund, umringt von trinkenden Pferden inmitten der Prärie im Wasser zu plantschen? Für einen Cowboy jedenfalls nicht viel.

Nach „getaner Arbeit" saßen wir zum Abendessen an unserem Lagerplatz in den Bergen, aßen Büffelsteaks und erzählten uns, unter nicht unerheblichem Konsum von Whiskey, die tollsten Geschichten von Bären, Rodeos und Viehtrieben. Von Jeff, dem Chef-Cowboy, lernte ich in den zwei Wochen das Lassowerfen und schaffte es sogar, an meinem letzten Ranchtag ein Kalb vom Pferd aus zu fangen. Yeeha!

Vielleicht sind das die unerfüllten Sehnsüchte eines Mannes von heute: Ohne Zeit und Leistungsdruck, in Ruhe und Gelassenheit gemeinsam Abenteuer in der Natur erleben. Ohne Computer, Maus, Stau, Anzug, Vorschriften und dem ganzen angesammelten Konsumkram.

Was im Cowboyleben zählt, ist ein treues Pferd, Wasser und Essen, ein paar nützliche Habseligkeiten, Freunde und vor allem Spaß an der Arbeit, die wirklich sinnvoll ist.

Dann ist kein Weg zu lang und keine Aufgabe zu schwer, im Gegenteil: Herausforderungen und zu erwartende Abenteuer sind der Motor des Cowboys.

42
Krafttier Ameise –
Nach Hause kommen

Ulrike Dietmann

Krafttier Ameise – seine Ameisenenergie & die Ameisen-Krafttier-Medizin.
Wie stark ist deine Ameisen*energie*?

Der Ameisen-Energie-Check:
Bevor du diesen Artikel liest, mache bitte den Ameisen-*Energie*-Check, um deine Ameisen-*Energie* zu spüren.

- ○ Ich weiß, wo ich hingehöre.
- ○ Ich habe Vertrauen in die Gemeinschaft.
- ○ Ich trage zum Wohlsein aller bei.
- ○ Ich arbeite gern mit anderen zusammen.
- ○ Jeder soll so sein dürfen, wie er ist.
- ○ Ich freue mich über die Erfolge und die Talente anderer.

- ○ Ich kenne meine Stärken und auch meine Grenzen.
- ○ Mein Beitrag zum Ganzen genügt vollkommen und ich lasse mir auch nichts anderes einreden.
- ○ Ich tue gern etwas für andere, wenn es von Herzen kommt.
- ○ Ich genieße es, wenn andere etwas für mich tun.
- ○ Ich vertiefe mich gern in eine Arbeit.
- ○ Ich überanstrenge mich nicht und komme trotzdem an meinem Ziel an.
- ○ Weil ich meinen Platz im großen Ganzen kenne, kann ich große Herausforderungen annehmen.

Ich bin umzingelt von Großstädten

Ich lebe auf einem einsamen Hof im Schwarzwald. Wenn ich mich umsehe, stelle ich jedoch fest, dass sich in meiner nächsten Nähe ungefähr zwanzig Millionenstädte befinden, bevölkert von wohlorganisierten Staatsgemeinschaften, in denen unermüdlich gearbeitet wird – auf einem Organisationsniveau, das jeden CEO erblassen lassen würde.

Arbeit und Effektivität in der Gemeinschaft, darin unterrichtete mich kürzlich eine Ameise in einer schamanischen Reise. Ich steckte gerade mitten in einem Projekt, das mir über den Kopf zu wachsen drohte. Hatte ich mir zu viel vorgenommen? Hatte ich den Beteiligten falsche Versprechungen gemacht? Konnte ich auf die Unterstützung der anderen vertrauen? Als ich tiefer in mich ging, merkte ich auch, dass ich Angst vor dem Urteil hatte. All das trug ich der Ameise in meiner Reise vor. Die Ameise jedoch schien derlei Bedenken nicht zu kennen.

Sie trug ein Holzstück auf dem Rücken, das um vieles größer war als sie selbst. Ihr Weg zum Ameisenbau war noch sehr weit, er war als winziger Punkt in der Ferne zu sehen.

Woher nimmt sie die Gelassenheit?

Diese Frage schien sie zu wundern. Da sah ich eine ganze Spur Ameisen hinter ihr, die alle große Gegenstände durch die Gegend trugen. Sie waren alle auf dem Weg zu ihrem Ameisenhügel, einem riesigen Energiereservoir, aus dem sie Kraft tankten. Sie wussten, wofür sie da waren, was sie zu tun hatten und dass sie nicht allein waren. Sie waren Teil von etwas, was wir Menschen Utopia nennen, den idealen Staat, in dem jeder seinen Platz hat und in Frieden mit allen anderen zusammenlebt.

Geborgen sein

Ob ich mich an der Brutpflege anderer beteiligen will, mein Essen freimütig mit anderen teilen und in einem Mehrgenerationenverband leben möchte, wie die Ameisen es tun, weiß ich nicht, denn als Schriftstellerin liebe ich unter anderem das Alleinsein. Aber meine Bücher und Artikel, meine Seminare und Coachings dienen dem Wohl der Gemeinschaft und das bringt mir große Erfüllung. Ich fühle mich getragen und eng verbunden mit sehr vielen Menschen. Aus dieser Sicherheit und Geborgenheit heraus kann ich, wie die Ameise, Schritt für Schritt meine Arbeit tun, in der Gewissheit, mein Bestes zu geben, anderen damit zu dienen und ein Teil einer Gemeinschaft zu sein.

Die Ameise lehrt uns, uns an unseren Platz im großen Ganzen zu erinnern. Daran, wo wir hingehören, wie wir uns am besten beteiligen können und daran, dass wir geschützt und aufgehoben sind in einer Gemeinschaft, wie auch immer sie aussehen möge. Dann können wir über uns hinauswachsen und Gewichte bewegen, die uns zuvor unvorstellbar waren.

Wo ist dein Platz im großen Ganzen?

Wie dienst du dem Wohl aller auf eine Weise, die dich erfüllt? Welche Kraftquellen hast du, die aus der Gemeinschaft kommen? Aus der Familie, den Kollegen, den Freunden, deiner Kultur oder denen, die deine Liebe und deine Überzeugungen teilen? Wo fühlst du dich getragen und geschützt? Suche die Verbindung zu diesen Menschen und Orten und fühle, wie leicht deine Arbeit wird und wie sie dich mit Freude erfüllt.

Die Ameise

Coming Home

43
Die Große Göttin

Andrea O'Neill

Die Große Göttin vereint alles, sie ist *Alles* und *Nichts*. Sie ist Lebensenergie. Durch das Annehmen der Natur entsteht Urvertrauen, Erkenntnis, Verstehen, Einsicht und Einheit. Sie sorgt sich und wirkt, ohne zu halten und zu kontrollieren. Diese Lebensenergie lässt entstehen und vergehen mit der Zuversicht der Liebe.

Diesen Archetyp in mir anzunehmen, ist im ersten Anlauf schon etwas seltsam. Wenn ich mir mein Leben so in Rückschau betrachte, hat sie mich die ganze Zeit über begleitet. Sie war da beim Werden und da beim Vergehen. Sie hat mich immer wieder durch die Natur zur Einsicht und Erkenntnis gebracht – und mit den Jahren immer mehr zum leeren Raum des Großen. Gerade seit einem halben Jahr kreisen meine Gedanken und Gefühle oft um die Frage der Grenzen.

Als Kind habe ich die Grenzen zwischen mir und der Natur nicht wahrgenommen, ich war ein Teil davon. Danach kam die Bekanntmachung in der Pubertät: *Ich bin ich und nicht alles!*

Das war auch zu verstehen, da der Verstand mittlerweile schon auf Hochtouren lief und dies eine erklärbare Aussage war. Nur blöd, dass gerade in dieser Zeit einige außergewöhnliche Dinge passierten, die niemand erklären konnte.

Ich konnte mit meinem kleinen Bruder telepathisch kommunizieren, und Schubladen sprangen mitten in der Nacht in meinem Zimmer mit einem Knall auf, und das ganze Zimmer war übersät mit Kleidern. Meine Familienmitglieder kamen alle herein, sahen mich entgeistert an, und ich lag friedlich in meinem Bett und verstand die Aufregung gar nicht.

Aber irgendwie wurde es erklärbar gemacht. *Auch gut, so war alles wieder in bester Ordnung.*

Danach kamen bis jetzt Verhandlungen über Grenzen und Übertritte. Die Frage „wer bin ich und wenn ja wie viele"? Diese Phase brauchte viel Energie, weil ich enorm beschäftigt war, diese Grenzen zu definieren und zu verwalten. Und nun kommen aus heiterem Raum wieder Fragen wie: Für was brauchst du das? Warum brauchst du Grenzen? Nachdem ich gerade meine Grenzen neu definiert hatte.

Die Erfahrung meiner Begrenztheit brachte mir eines meiner Pferde. Irgendwie konnte ich ihn nicht erfassen. Ich hatte das Gefühl, ihn nicht zu verstehen und ihm nicht gerecht zu werden. Diese Erkenntnis hat mich so ziemlich erschlagen, weil ich mir alles Mögliche überlegt habe, aber nicht, dass ich begrenzt bin!

Einfach gesagt, aber in der letzten Konsequenz war es eine enorme Erkenntnis. Die Begrenztheit brachte für mich die Erkenntnis, dass ich, weil ich *ICH* bin, ihn nie verstehen werde. Da musste ich mich vorerst von meinem Leitgedanken, die Wesen um mich herum verstehen zu können, verabschieden. Ich kam mir sehr klein vor, und ich hatte wieder einmal das Gefühl, ich wüsste nichts vom Leben. Dazu kam auch noch eine Portion Unbehagen und Verlorenheit.

Dieses Erlebnis hat den Wunsch nach Singen bei mir geweckt. Ich wollte etwas tun, das nicht mit Kopf und Strategien zu tun hatte. Das Schamanische Singen war sehr überwältigend. Ich wollte die Stimme zu mir holen. Der Wunsch, eins zu werden, war sehr groß. Auch dort hat sich das große Etwas aufgetan, das weite Unendliche. Was auch nicht gerade beruhigend wirkte. Ich habe mir gesagt, okay, du bist im Moment zu klein oder auch zu beschränkt, um das zu verstehen.

Jetzt ist mir klar, dass man schon mit einem Bein über der Grenze stehen muss, um sie zu sehen. Nun, die Geschichte hat sich so entwickelt, dass ich für den momentanen Raum keine Erklärungen mehr suche, sondern dass sich ein Gefühl der Verbundenheit eingestellt hat.

Seit dieser Zeit verspüre ich eine starke Sehnsucht, die mich wie ein Magnet zieht. Die Sehnsucht zum Ganzen. Dieses Bild kam das erste Mal bewusst, als mein Vater mir von einer römischen Geschichte erzählte, wo die Menschen noch ein Ganzes waren, eine Kugel, wenn ich mich recht erinnere, und dass sich die Menschheit geteilt hatte und seither den anderen Teil sucht. Meine Suche hat mich dann immer wieder in verschiedene Richtungen geführt: Seelenfreunde, Engel, der Freund, der Partner ... Ich habe mir vorgestellt, dass jemand oder etwas mit mir ein Ganzes gäbe. So ein ganz kleines Ganzes für mich alleine.

Die Anerkennung der Großen Göttin und der Lebensenergie in mir ist jedoch noch nicht ganz geglückt. Ich spüre deutlich, dass ich mich zum Beispiel peinlich fühle, wenn ich sage, ich bin eine irdische Göttin. Oder ich bin das Weibliche.

Die einlassende, empfangende und schöpfende Seite beginnt sich erst langsam den Weg durch die Widerstände zu bahnen. Dies bewirkt auch meine etwas verzerrte Sicht des Empfangens ... wie ganz einfach von Geschenken. Ein Teil in mir sagt, das kannst oder darfst du nicht empfangen. So auch kreative Ideen, die im Moment zum Teil im Keim steckenbleiben, da sie von mir nicht ernst genommen werden und sie zuerst gut durchdacht sein wollen, bis das Kreative sich schon über alle Berge gemacht hat.

Das Schöpferische lässt sich nicht terminieren oder aufschieben. Und da nehme ich die Umwelt zur Hilfe, die mir dann das sagt, was mein Unterbewusstsein gerne hört: jetzt nicht — später vielleicht — keine Zeit — keinen Platz usw.

Und ich gebe dann – zwar leicht protestierend – auf. Alle diese Widerstände und Widersprüche erzeugen einen Energieverschleiß, den ich deutlich spüre. Es hat in den letzten paar Jahren Zeiten gegeben, in denen meine Lebensenergie sehr tief war.

Das Spüren der Energie ist ein zentraler Punkt bei der Bewusstwerdung dieses Archetypen. Wenn ich am Ende eines Tages sehr müde bin, dann weiß ich meistens, dass ich mit Widerständen zu tun gehabt habe. Ich habe beobachtet, dass die gleiche Arbeit energiegewinnend oder auch -raubend sein kann.

Das Sicheinlassen auf das Ewige, ohne sich zu verlieren,

braucht Mut und Liebe. Und unsere polare Welt fordert mich da regelrecht heraus. Einlassen auf angenehme Dinge, das geht ja, oder wenn ich weiß wie viel und wohin. Aber die Knack-Frage ist, wann und wo kommen die Widerstände. Und das geht unheimlich schnell. Schon die Begrüßung von einer nicht bekannten Person kann eine Armee von Widerständen herbeirufen, bevor überhaupt etwas geschehen ist. Dies ist ein gutes Beispiel, die Begrüßung, das Einlassen auf jemanden, angenehme wie unangenehme Personen, erfordert viel Präsenz und Urvertrauen. Aus meiner Erfahrung haben diese Gabe nur ganz wenige Menschen.

Fragen beschwören auch oft Widerstände herauf. Frage ich jemanden etwas, das er nicht erwartet, so spüre ich den Widerstand zu antworten.

Mir geht es genau gleich. Das Zulassen und Einlassen finde ich, wäre der Schlüssel zum Energiespeicher, der mich zu mehr Präsenz und Ruhe bringt.

☙❧

Zwei Monate später:
Ich bin von meinen Worten sehr angetan und kann fast nicht glauben, dass ich das geschrieben habe. Es ist auch sehr schön, weil ich mich gerade in einer Staulage befinde und beim Durchlesen den Eindruck hatte, dass mich dieser Archetyp wieder ins Fließen bringen könnte.

Das Thema der Energie beschäftigt mich im Moment auf allen Ebenen. Energie geht nicht verloren, so heißt es. Doch wie sieht es mit der Umwandlung aus? Wenn sich die Energien verändern?

Das neue Energiegefühl und Zeitgefühl ist im Moment eine Herausforderung.

44
Kairos

Waltraud Schögler

Gignōske kairon.
„Erkenne den rechten Zeitpunkt!"
(Ausspruch des Pittakos von Mytilene).

Kairos ist ein religiös-philosophischer Begriff für den günstigen Zeitpunkt einer Entscheidung, dessen ungenütztes Verstreichen nachteilig sein kann. In der griechischen Mythologie wurde der günstige Zeitpunkt als Gottheit personifiziert.

Im älteren Altgriechischen wird der Terminus Kairos als der rechte Zeitpunkt erfasst und steht im Gegensatz zum langen Zeitabschnitt Kronos. Der Gott des günstigen Augenblicks, Kairos, wird mit einem kahlen Hinterkopf und einem Haarschopf an der Stirn dargestellt, an dem man den günstigen Augenblick gut fassen konnte, worauf die Redewendung „die Gelegenheit beim Schopf fassen" zurückgeht. Wenn die Gelegenheit vorbei ist, kann man sie am kahlen Hinterkopf nicht mehr fassen.

Kairos ist also der richtige Zeitpunkt, der kurze Augenblick, in dem alles möglich ist. Es ist der Moment der Zeitlosigkeit, wenn das Pendel stillsteht, der Urpunkt, der alles enthält, was in Bewegung ist. Es ist eine heilige Zeit, in der man sich mit dem Universum eins fühlt.

Kronos, die lineare Zeit, wird mit Uhren und Kalendern gemessen, Zeit existiert dann, wenn das Uhrpendel in Bewegung ist. Wenn wir in der linearen Zeit, im Kronos unterwegs sind, gewahren wir nicht den Zeitpunkt, wir leben in der Furcht, die Kontrolle zu verlieren. Den Zeitpunkt wahrzunehmen, ist ein Mittel, um diese Angst loszuwerden, um Freiheit zu erringen. Im Zeitpunkt sieht man die Wahrheit, und die Nähe dieser Stille ist erstrebenswert (die Stille selbst bedeutet ja das Ende von Bewegung).

Im Beobachten eines Sonnenaufgangs konnte ich die beiden Zeitqualitäten Kronos und Kairos wahrnehmen:

In der Dunkelheit hatte ich mich auf den Weg gemacht, und etwa eine halbe Stunde vor Sonnenaufgang saß ich nun an der Kapelle hoch über dem Meer. Es war kühl, und die mitgebrachte Decke leistete mir gute Dienste. Langsam wich die Dunkelheit der Dämmerung, aus dem Osten kommend breitete sich langsam das Licht aus. Einige Vögel kündigten ebenso das Ende der Nacht an, und die Fledermäuse suchten sich einen Schlafplatz. Ich nahm all die Bewegungen in der Natur wahr, doch in Wahrheit wartete ich auf Kairos, den *Zeitpunkt*, den Stillstand zwischen Tag und Nacht, bevor das Pendel in die andere Richtung schwingt.

Die Morgenröte lief der Sonne voraus gen Westen, wie eine Bugwelle vor einem Schiff breitete sie sich von Osten her aus. Der Gedanke gefiel mir, dass die Sonne immer gleichzeitig auf- und untergeht.

Und plötzlich war der Moment da, an dem die Nacht endete und der Tag begann. Mit meiner ganzen Aufmerksamkeit hatte ich auf diesen Augenblick gewartet. Den Augenblick des Stillstandes der Zeit, in dem selbst die Natur den Atem anhielt und alle Vögel kurz verstummten. Ein kurzer, aber heiliger Moment größter Intensität.

Dann flutschte die Sonne im Osten über den Horizont und überstrahlte die Welt mit ihrem Licht, und die Morgenröte eilte weiter gegen Westen als Bote für den neuen Tag. Die Vögel setzten wieder mit ihrem Gesang ein – das Pendel hatte sich in die andere Richtung in Bewegung gesetzt.

Im Spiel mit der Zeit, mit Kronos und Kairos, können wir unsere Wahrnehmung verändern und schärfen. Zeitbeschleunigung treibt mich nach außen, ich nehme weniger wahr. Zeitverlangsamung ermöglicht mir, in Zwischenräume zu schauen, die Prioritäten verschieben sich. Hier werden übersinnliche Wahrnehmungen möglich.

45
Der Rebell

Silke Frisch-Branderup

Der Rebell steht im Gegensatz zum Helden außerhalb der Gesellschaft. Er strebt nach Revolte und Revolution, nach Veränderung und Weiterentwicklung. Er will alles verändern, was aus seiner Sicht nicht einwandfrei ist.

Der Rebell verachtet jede Form von Autorität, Gehorsam ist seiner Ansicht nach nur etwas für Schwache. So sucht er immer wieder die Konfrontation mit tatsächlichen oder vermeintlichen Autoritäten, um die Grenzen auszuloten und zu durchbrechen.

Der Rebell geht immer seinen eigenen Weg und muss immer mit dem Kopf durch die Wand. Einfache Wege meidet er oft, weil sie ihn nicht herausfordern. Er will sich in der Auseinandersetzung mit Autoritäten spüren, seine Willenskraft und sein Durchsetzungsvermögen erfahren. Die Idee der Rebellion gegen bestehende Strukturen führt zu Innovation, Reformen und Erneuerung und ist letztlich das Herzstück dieses Archetypen.

Die Figur des Rebellen findet sich ausdrucksstark in den Ikonen Marlon Brando, James Dean, Che Guevara und dem

Berufsrebellen Mick Jagger. Aber auch in der Filmfigur des Zorro oder in der Marke Harley Davidson, die auch heute noch für Rebellion gegen das Establishment steht. Gerade 55-jährigen Angestellten und Unternehmern, die diese Marke am häufigsten fahren, ermöglicht der Harley-Mythos, ihr „inneres Rebellentum" – aller Angepasstheit zum Trotz – auszuleben.

Zum Rebell-Archetypen findet man eine Reihe von Varianten, die Erwähnung verdienen.

Der Revolutionär fühlt den starken Drang in sich, Unrecht zu bekämpfen. Dieser Typ sieht die bestehende Welt als unfair und ungerecht an und strebt danach, die Gesellschaft zu verändern. Er betrachtet die Welt auf oft einzigartige und zum Nachdenken anregende Weise und wird vom Drang nach Transformation angetrieben. Revolutionäre scheuen keine Unruhen, sie finden sie eigentlich sogar anregend und ermutigend. Meist ist das Betätigungsfeld des Revolutionärs im politischen Bereich zu finden, aber auch Schriftsteller, Künstler und Erfinder gehören zu dieser Variante.

Der Troublemaker strebt ebenfalls nach Veränderung, aber eher, weil sie für ihn eine willkommene Abwechslung ist. Er genießt es, Unruhe zu stiften, den Status quo zu stören, scheut dabei auch kein Chaos und tritt dann aber einen Schritt zurück, um diese „Show" zu genießen.

Der Provokateur liebt es, andere zu provozieren, sie zu schockieren und ihnen dadurch die Maske aus Angepasstheit und Kontrolliertheit herunterzureißen. Die

Unsicherheit in den Augen des Anderen, die sekunden-lange Zerrissenheit zwischen der Furcht vor dem Anstößigen und der Anziehungskraft des Unkonventionellen, verschafft dem Provokateur die Befriedigung, den Rahmen des Alltäglichen gesprengt und so seinen Widerstand gegen bestehende Strukturen gelebt zu haben. Der Schattenaspekt liebt diese Rolle des Teufels. Der positive Aspekt des Provokateurs hingegen ist, dass er andere auffordert, über ihren Tellerrand hinauszuschauen und so die eigenen Vorstellungen und Ideen gründlich zu überdenken.

Der Freigeist lebt nach den eigenen Regeln und liebt es, anders zu sein, frei von Zwängen der gesellschaftlichen Normen. Er ist spontan und unabhängig, was den Freigeist als Kind für die Eltern schwierig macht, weil er eine Abneigung gegen Routine, Regeln und Vorschriften hat. Der Freigeist fühlt sich wohl, wenn er aus der Menge heraussticht. Er schielt nicht neidisch auf andere und die Art, wie sie ihr Leben leben, er verlässt sich ganz und gar auf seinen eigenen inneren Kompass. Der Schattenaspekt des Freigeists ist hingegen anstrengend für seine Umwelt, braucht ständige Aufmerksamkeit und ist unzuverlässig und wankelmütig. Er kann sich dann auch recht gleichgültig gegenüber den Bedürfnissen anderer verhalten oder auch in Bezug auf die Auswirkungen seines Verhaltens anderen gegenüber.

Der Außenseiter lebt ähnlich wie der Freigeist nach seinen ganz eigenen Regeln und Vorstellungen. Jedoch leidet der Außenseiter oft unter seinem Anders-Sein und fühlt sich nirgendwo dazu gehörig. Er sehnt sich heimlich danach, in die Norm zu passen, aber wenn er erst einmal akzeptiert worden ist, hat er schnell das Gefühl, in der Gesellschaft zu ersticken. So kämpft der Außenseiter mit der Einsamkeit und verweigert sich dadurch häufig seinem Entwicklungspotenzial, oder er verklärt sein Anders-Sein, um sich den anderen gegenüber überlegen zu fühlen.

Der Gesetzlose vertritt eine Haltung von „Regeln sind dazu da, um gebrochen zu werden". Er hat ein inneres Gespür für „richtig" und „falsch", ungeachtet jeglicher gesellschaftlicher Erwartungen. Wenn er gegen das Unrecht kämpft, scheut er vor keiner Konfrontation zurück. Robin Hood ist ein bekanntes Beispiel eines Outlaws, der die Gesetze bricht und die Reichen bestiehlt, um es an die Armen zurückzugeben. Der Schattenaspekt genießt häufig den Nervenkitzel des Übertretens von Gesetzen, ohne tieferen Zweck oder um sich einfach persönlich zu bereichern.

Der Reformer ist von dem Wunsch beseelt, die ganze Welt zu verbessern, beginnend bei seiner eigenen Existenz. Dieser Archetyp neigt dazu, ständig an sich selbst zu arbeiten, um zu verbessern, was noch besser werden kann. Er versucht auch, das Leben anderer zu verbessern – sei es als Physiotherapeut, der bei der Gesundung eines kranken Körpers hilft, oder als Anführer großer Kampagnen gegen ungerechte Gesetze.

Schatten-Rebell

Für den Schatten-Rebell ist Widerstand so etwas Natürliches wie das Atmen. Egal wie, egal wo, der Schatten-Rebell sucht sich etwas, zu dem er Widerstand oder Widerspruch leben kann, auch wenn es dafür eigentlich gar keinen Grund gäbe. Dieser Widerstand ist der Versuch, die Kontrolle zu bekommen.

Innerlich ist der Schatten-Rebell dagegen völlig aus der Kontrolle geraten. Der Kampf mit dem Außen liefert Entlastung von diesem Gefühl. Dem Schatten-Rebell geht es dann eigentlich gar nicht mehr um das Ergebnis seiner Rebellion. Er weiß oft selbst gar nicht, was er eigentlich wirklich will, sondern sein Motto lautet: *Hauptsache einfach immer DAGEGEN.*

Er fühlt eine tiefe Abneigung dagegen, Dinge nach Anweisung zu erledigen und widersetzt sich dann offen oder auch versteckt. Wenn z. B. die Abgabe der Steuererklärung immer wieder nach hinten verschoben wird und auch der letzte Abgabetermin überschritten ist, obwohl man doch genau weiß, welcher Ärger darauf folgen wird, dann wirkt der Schattenaspekt des Rebellen.

Der erleuchtete Rebell

Der erleuchtete Rebell hat ein starkes inneres Selbst entwickelt. Er hat ein hohes Bewusstsein für seine persönliche Wahrheit und Integrität und lässt sich darin von außen nicht beirren. Getrieben von einem starken Wunsch nach Gerechtigkeit ist er bereit, sich für diese persönliche Wahrheit einzusetzen, auch wenn er dafür Risiken auf sich nehmen und Konfrontationen eingehen muss.

Es geht ihm nicht um Macht oder persönliche Vorteile, es ist der Wunsch nach einer besseren, gerechteren Welt, der ihn antreibt. So wird er Fürsprecher und Anwalt für diejenigen, die sich nicht selbst helfen können oder denen das Bewusstsein fehlt, ihre eigene Lage zu erkennen.

Die Inderin Mata Amritanandamayi (Amma) ist mit ihrem Projekt „Embracing the world" und ihren Hilfsprojekten für Frauen und Mädchen in Indien ein wunderbares Beispiel für den erleuchteten Rebellen.

46
Der Saboteur

Kein „Kuschelkurs"

Seine Gaben: Klarheit, Selbsterkenntnis, Selbstermächtigung

Sonja Maria Nowak

Der Saboteur ist einer der für mich am schwierigsten zu verstehenden aller Archetypen, weil sein Name mit Verrat assoziiert ist. Doch der Zweck dieses Archetyps ist letztendlich nicht, mich zu sabotieren, sondern mir zu helfen. Er soll mir die vielen Gelegenheiten, bei denen ich mich selbst sabotiere, zeigen und mir diese bewusst machen. Dadurch entsteht ein neuer Raum des Umgangs damit und die Möglichkeit auf Heilung.

Wie oft schon habe ich neue Pläne gehabt und will diese auch umsetzen, um irgendwann festzustellen, diejenige, die mir im Weg steht, bin ICH SELBST, nicht andere Menschen oder irgendwelche Umstände. Es sind meine

Ängste, die meine optimistischen Pläne untergraben.

Welche Angst in mir kreiert dieses Chaos oder lässt zumindest nicht zu, dass ich es lichten kann?

Dazu habe ich ein Zitat von Marianne Williamson gefunden, es hat mich sozusagen angesprungen:

Unsere tiefste Angst ist nicht, dass wir ungenügend sind.

Unsere tiefste Angst ist, dass wir über alle Maßen kraftvoll sind.

Das sitzt und trifft mich wie ein „Blitzschlag". Das ist es, ich bin kraftvoll. Es ist nicht unmöglich, den eigenen Weg zu gehen. Vielmehr bleibt es Utopie, weil ich mir immer wieder selbst die „Stolperfallen" auf dem Weg einbaue.

Die Integration des Saboteurs – woraus resultieren meine Ängste? Meine Entscheidung muss/darf jetzt sein, meine eigenen Fähigkeiten und den Erfolg nicht mehr zu blockieren sondern die Angst, zu verwandeln. Das muss ich ja nicht allein machen, sondern mit Hilfe der anderen starken und wunderbaren Archetypen, die da in mir aktiv sind und mir als Verbündete zur Seite stehen. Auch mit der Hilfe wunderbarer Menschen, die in meinem Leben sind und mit der Kraft des Universums, mit dem ich in jeder Sekunde meines Lebens verbunden bin.

Wenn ich aufmerksam und bewusst bin in den Situationen, in denen die Gefahr besteht, mich selbst zu sabotieren, und es schaffe, die Aufmerksamkeit darauf zu richten, was er für Warnungen für mich bereithält, worauf ich in der Situation achten sollte, dann kann ich mir vielleicht auch ersparen, die gleichen Fehler immer wieder zu machen.

Ein paar Fragen, die mir bei der Bewusstmachung des Saboteurs helfen können, sind:

- Welche Ängste haben Macht über mich?
- Was passiert, wenn mich die Angst überkommt?
- Muss ich anderen Leuten erlauben, für mich zu bestimmen, was falsch oder richtig ist?
- Muss ich aus Angst Dingen zustimmen, die sonst nicht meine Zustimmung hätten?
- Lasse ich dadurch kreative Möglichkeiten an mir vorbeiziehen?
- Wie bewusst bin ich in dem Moment, merke ich, dass ich mich sabotiere?

Eine Intention ist, in einer Meditation oder einfach in Stille in der Natur, mit meinem Saboteur-Archetypen in Kontakt zu treten und ihm einige Fragen zu stellen wie:

- Warum habe ich dich gewählt?
- Welche Chancen für mein Leben sind mit dir verknüpft?
- Wie hilfst du mir, meine Lebensaufgabe zu erfüllen?
- Woher weiß ich, wann ich mit deiner Energie verbunden bin?
- Welche Weisheit hältst du für mich bereit?
- Gibt es etwas, das ich jetzt tun kann?

Das ist wirklich eine für mich hilfreiche Möglichkeit, in Meditationen auch mit meinen anderen persönlichen inneren Archetypen in Kontakt zu sein. Durch die innere Kommunikation mit meinen archetypischen Anteilen bewirke ich eine subtile Veränderung im eigenen Inneren, ein erhöhtes Bewusstsein für etwas, das immer da ist, doch im „Normalfall" unbewusst bleibt.

Wenn wir in Verbindung stehen, das fühle ich ganz intensiv, erweisen sie sich als unschätzbare Begleiter und Helfer auf dem Weg. Das wirkt sich dann im Alltag, in persönlichen Beziehungen oder auf der Arbeit aus – ich kann dann sofort spüren, wenn ich in ein gewohntes Verhaltensmuster abrutsche, kann einen Augenblick innehalten, Kontakt zu meinem gerade aktiven Archetypus aufnehmen und anders reagieren als „normalerweise". Daraus entsteht ein neuer kreativer Raum der Möglichkeiten.

Dies können Kleinigkeiten sein, wie beispielsweise neue Aufgaben nicht aus Versagensangst abzulehnen. Wenn dann jemand fragt, „Möchtest du das übernehmen?", sagt mein Saboteur nicht mehr automatisch: „Nein, das kann ich nicht." Ich spüre dann die Angst, den Zweifel, doch ich werde nicht mehr von unbewussten Reaktionen gesteuert.

Arbeit mit den persönlichen Archetypen ist Bewusstseinsarbeit. Es ist die Kraft der freien Wahl, in jedem Moment die freie Entscheidung treffen können. Das Ergreifen von Möglichkeiten, eigene Möglichkeiten wahrnehmen und den Mut finden, diese auszuprobieren, neue Wege zu gehen. Es ist die Kraft in uns, die den Widerstand gegen Veränderungen transformiert. Die Furcht entsteht, weil wir nicht wissen, was die Veränderung bedeutet, nur deshalb kommt Angst auf.

Widerstand: Das kann ich nicht, was passiert denn dann danach ... hindert uns daran, neues auszuprobieren, offen zu sein für neue Möglichkeiten.

47
Die Nornen

Eine Heldenreise

Waltraud Schögler

Die Nornen (Nornier, Nornir nord. „Raunende") sind die germanischen Schicksalsgöttinnen und Geburtshelferinnen, die den Schicksalsfaden der Menschen und Götter spinnen. Sie sind drei Schwestern, die das Schicksal der Welt, der Götter und der Menschen bestimmen und voraussagen.

Drei Schicksalsfrauen werden mit Namen genannt: Sie heißen *Urd* (Schicksal), *Verdandi* (das Werdende) und *Skuld* (Schuld; das, was sein soll). Ihre Namen gelten als nordische Entsprechungen gängiger mittelalterlicher Vorstellungskonzepte der Zeit in Form von Personifikationen der Vergangenheit, Gegenwart und Zukunft.

Die folgende Geschichte zeigt, welch spannendes Muster sich die drei Nornen für meinen Lebensfaden ausgedacht haben:

Una frá Sydra-Skördugili
Eine schicksalhafte Begegnung

1

Schon als kleines Mädchen hatte ich einen Traum: den Traum von einem eigenen Pferd.

„Unmöglich", sagten meine Eltern, „das können wir uns nicht leisten."

Aber sie sorgten dafür, dass ich in den Sommerferien an dem von der Stadtgemeinde gesponsertem Reitunterricht teilnehmen konnte.

2

Im Alter von zehn Jahren beschloss ich, Reitlehrerin zu werden.

„So ein Blödsinn", sagten meine Eltern. „Lern was Gscheit's!"

Also lernte ich was Gescheites.

3

Jahre später träumte ich von einer Reise nach Island, von der Teilnahme an einem Wanderritt mit Islandpferden, bis ich mir endlich ein Herz fasste und die Reise tatsächlich buchte.

Danach war klar, ein Leben ohne diese ursprünglichen Pferde konnte ich mir nicht mehr vorstellen und ich wurde regelmäßiger Reitgast auf einem naheliegenden Islandpferdehof.

Nach zwei Jahren wurde ich dann gefragt, ob ich denn nicht ein eigenes Pferd haben möchte. Natürlich wollte ich ein eigenes Pferd.

„Eure Preise kann ich mir leider nicht leisten", antwortete ich.

4

Nach einer kurzen Pause war ich selbst am allermeisten von meinen weiteren Worten überrascht: „Aber wenn ich es mir leisten könnte, würde ich mir die Una [sprich: üna] kaufen!"

Ich biss mir auf die Zunge, was hatte ich da bloß gesagt? Una war eine 13-jährige Fuchs-Stute, aus Island gebürtig, hochsensibel, aber im Reitunterricht als stur verschrien. Wenn man ihr das Zaumzeug überstreifen wollte und bei ihren Ohren ankam, stieg sie. Die Gerte scheute sie schon aus der Entfernung, und wenn sie mal rannte, war sie schwer zu bremsen. Ich hoffte, dass ich meinen Wunsch nicht zu laut geäußert hatte, aber da hatte ich mich getäuscht. Der Eigentümer machte mir ein Angebot, das ich mir sehr wohl leisten konnte und so wurde ich im Alter von dreißig Jahren Besitzerin einer bildhübschen, aber sehr schwierigen Islandstute.

5

Als Allererstes meldete ich mich mit Una bei einem TTellington-Kurs an, und auch das war – wieder aus dem Bauch heraus – eine sehr gute Entscheidung. Langsam gewöhnten wir uns aneinander, fanden heraus, was wir gerne mochten und welche Probleme wir noch bewältigen mussten.

Das mit den Ohren hatten wir schon hinbekommen, ich durfte diese – zwar nur widerwillig geduldet – anfassen. Damals war es in Island durchaus üblich, den Besitzanspruch an Fohlen mittels Einkerbungen mit dem Messer an den Ohren zu markieren. Kein Wunder, dass Una die Erinnerung daran mit Steigen und Flucht quittierte. Wir hatten uns auch schon darauf geeinigt, dass ich beim Reiten eine Gerte mittragen durfte, um die einfache Signalreitweise, die man ihr beigebracht hatte, zu unterstützen, ich durfte sie damit auch abstreichen.

6

Ich hatte den Hof gewechselt, damit ich Una näher bei mir hatte und ich jeden Tag etwas mit ihr machen konnte. Ich hatte meine Freude an ihr, aber hundertprozentig konnte ich ihr nicht vertrauen. Sie hatte ein paar spezielle Angewohnheiten, mit denen sie mir Angst machte.

Ich hatte – wie so viele andere Reitschüler auch – gelernt, dass man die Zügel auf- und annimmt, wenn man langsamer werden möchte.

Tja, Una hatte das anders gelernt: Zügel aufnehmen bedeutet für sie, schneller zu werden, die darauf folgende Anspannung des Reiters zu bemerken, um dann noch schneller zu werden. Vor allem bergab wollte ich unbedingt langsam reiten und sie interpretierte meine Hilfen sehr oft gegenteilig.

Eine weitere Eigenheit war, dass sie im Wald die Bäume gerne so umging, dass ihr Körper ohne weiteres Platz

hatte, meine Knie jedoch öfter schmerzhaften Kontakt
mit den Baumstämmen hatten.

7, 8

Eines Tages unternahm ich einen längeren Ausritt, ver-
schätzte mich aber mit der dafür benötigten Zeit. Es däm-
merte schon und ich hatte noch ein paar Kilometer bis
zum Stall. Das letzte Stück des Weges führte bergab durch
einen dichten Fichtenwald und plötzlich war es um mich
stockdunkel. Ich sah nicht einmal mehr meine Hand vor
den Augen und parierte Una erschrocken durch.

Da standen wir nun und ich war völlig ratlos, wie ich
denn nun nach Hause kommen sollte. Ich saß auf einem
Pferd, das bergab gerne mal davonlief und das Hindernisse
ohne Rücksicht auf meine Knie umging. Andererseits, so
sagte ich mir, sieht ein Pferd in der Dunkelheit viel besser
als der Mensch – ich sah nämlich gar nichts mehr, nur ein
leichtes Schimmern ihrer blonden Mähne vor mir.

Ich wusste, wenn ich absteige und zu Fuß gehe, finde
ich garantiert keinen Weg. Was also tun? Die Zeit dehnte
sich, während ich wie gelähmt und voller Angst auf meinem Pferd saß. Una wartete.

9

Schließlich wusste ich, was notwendig war, aber es kos-
tete mich enorme Überwindung, es zu tun. Ich legte den
Zügel vor mir auf den Widerrist und sagte leise zu ihr:
„Una, bring uns heim."

10

Langsam setzte sie einen Fuß vor den anderen, trug mich im gleichmäßigen Tempo bergab und ich ahnte mehr, als dass ich es sah, dass sie sich in der Mitte des Weges hielt. Von diesem Tag an hat sie mir mein Vertrauen tausendfach vergolten.

11

Heuer wird Una vierunddreißig Jahre alt, sie ist in Würde ergraut, zwar auf einem Auge blind, aber durchaus imstande, sich in ihrer kleinen Herde zurechtzufinden und ihren Lebensabend zu genießen.

Sie hat mir geholfen, meinen Traum zu leben: ich wechselte den Beruf und wurde Reitlehrerin und Pferdewirtin. Ich begann zu züchten und sie blieb nicht mein einziges Pferd – aber sie war die Erste und hat einen besonderen Platz in meinem Herzen.

48
Spirit Guides

Corinne Roll

Unter Spirit Guides verstehe ich eine innere Bilderwelt, die mich in spiritueller, geistiger und auch emotionaler Hinsicht motivierend begleitet. Dies ist ein vielfältiges Reich. Es lohnt sich, danach auf die Suche zu gehen für jeden, der sich wieder ein Stück kindlicher Fantasie und Leichtigkeit in sein Leben einladen möchte.

Hier finden sich Einhörner, Drachen, Engel, Feen, Krafttiere, Merlin der Zauberer, Heiler, Symbole. Goldene Umhänge, die unsichtbar machen und Kräfte mobilisieren.

Meine erste große Liebe war Peter Pan, die berühmte Walt-Disney-Figur. Sein Mut, die Frechheit, sich Widerständen zu stellen, die Findigkeit, seinen Widersachern unerschrocken zu begegnen und weniger durch Stärke als durch Cleverness zu entkommen, beeindruckte mich. Seine Welt war gespickt von Abenteuer, Wunder, Freundschaft, Freiheit, Witz und Humor. Und vor allem kam er gut ohne Eltern klar.

Als Kind lebte ich mehr die männliche Seite dieser Figur. Ich hatte kaum Angst vor irgendwas. Hatte zu allen

Situationen eine Idee, hatte meist ein Rudel Freunde, die ich anführte. Ich kletterte auf Bäume, baute Seifenkisten, liebte die Geschwindigkeit auf Rollschuhen, Rollern und Fahrrädern. Ich fand Fernsehkartons, die groß genug waren, um zu zweit drinzusitzen. Unter jeder Kartonecke wurde ein Rollschuh platziert und ab ging die Post, die Straße hinunter. Rausfallen oder heil ankommen, das war egal. Meine Freunde und ich, wir hatten Spaß.

Meine Ideen waren bei Kindern beliebt, bei Erwachsenen weniger. Das Einzige, was ich nicht konnte wie Peter Pan, das war das Fliegen. Das klappte dafür nachts beim Träumen recht gut.

Peter Pan war lange Zeit mein nächtlicher Begleiter.

Peter Pan, Tinker Bell und Elvira, die Tierfee, sind Figuren, die der Natur eines Kindes entsprechen und seine inneren Helden aktivieren.

Tinker Bell ist eine Naturfee, die unter anderem Dinge reparieren kann und über einen großen Erfindungsgeist verfügt. Mit ihren Feenfreundinnen ist sie für das Farbenspiel der Jahreszeiten und die Magie des Alltags zuständig.

Ich hatte das Glück, mit meinen Eltern jeden zweiten Sonntagmorgen nach Stuttgart fahren zu dürfen. Es ging ins Kino, und wir schauten uns die Walt-Disney-Filme an.

Tinker Bell hat auch die Namen Glöckchen oder Naseweis. Sie war Peter Pans kleine Elfen-Freundin, die recht eifersüchtig reagierte, wenn er sich mit Menschenkindern beschäftigte. So war sie in Kindertagen eher Konkurrenz für mich, und ich mochte diese Figur nicht besonders, weil sie Intrigen schmiedete und Peter Pan aus Eifersucht verraten hat.

Stellenweise tat sie mir auch leid. Sie merkte irgendwie, dass ihre Handlungen falsch waren, und wurde zum Opfer ihrer eigenen Intrigen oder kam in Situationen, die sie gerne rückgängig gemacht hätte. Trotziger verletzter Stolz, Ungeduld, Wut und Projektionen ließen sie zur Verräterin werden.

Tinker Bell trat erst in späteren Tagen bewusster in mein Leben. Sie ist eine Fee und eine Prinzessin. Sie lebt mit Peter Pan in Nimmerland. Der Sternenstaub vom Baum aus dem Elfenreich Nimmerland lässt Menschen fliegen und Wunder geschehen. Dadurch herrscht die Magie im Land.

Mit Feenglanz gibt sie aus der Welt der Feen heraus der menschlichen Natur Licht und Farbe und Leichtigkeit. Diese Feen lassen mit ihrem kreativen Tun den Winter zum Frühjahr wechseln. Sie werden aus einem Kinderlachen geboren. Ihr Samenkorn wird durch den Wind ins Feenland getragen. Dort findet die Geburt der Feen statt, und es werden ihre jeweiligen Gaben ermittelt. In vielen Eigenschaften, die Tinker Bell hat, finde ich mich wieder.

Sie spiegelt mir mein kindlich Weibliches. Die Gesamtpallette der Gefühle wird gelebt und ausdrückt. Aus Trotz und Langeweile heraus beginnt sie, einem neuen Ruf zu folgen. Die Suche nach der eigenen Berufung wird hierbei zum Abenteuer. Alles Mögliche sein zu wollen, nur nicht die, die man ist. Sie gehört mit ihrer Gabe zu den Bastlern und Kesselflickern, was ihr vorerst nicht sonderlich gefällt.

Sie versucht im Film, sich Fähigkeiten der Tier-Fee,

Wasser-Fee, Sommer-Fee, Sturm-Fee anzueignen, weil sie diese Gaben viel attraktiver findet als ihre eigenen Fähigkeiten. Sie scheitert kläglich. Zieht sich schmollend zurück. Im Alleinsein findet sie wieder zu sich, um wieder mit einer neuen Idee aufzustehen. Der Weg ist gepflastert mit Herausforderungen, Peinlichkeiten, Ideenreichtum, Freunden, Freuden, Witz, Humor, Spitzfindigkeiten, Ungerechtigkeit, Gefahren und Wundern. Sie wächst dabei stetig über sich hinaus und erreicht letztendlich ihr Ziel. Sie möchte auf das Festland zu den Menschen fliegen.

Dieser Figur bin ich im Innern sehr zugetan. Sie richtet mich auf, in schweren Tagen wieder Hoffnung zu finden. An Wunder zu glauben. Oft gebe ich Wünsche und Wunder an Tinker Bell und Peter Pan ab, da es männlicher und weiblicher Energien bedarf, um Neues in die Matrix hinein zu kreieren.

Tinker Bell ist fröhlich ansteckend, eine freundliche und hilfsbereite Natur. Sie wechselt recht schnell ihre authentischen Emotionen. Sie hilft mir, meine Schattenseiten wie Eifersucht, Ungeduld, Wut, Traurigkeit, Missgeschicke, Peinlichkeiten zu verzeihen und diese anzunehmen. Mit neuer Wahrnehmung auf die Zukunft zu schauen. Offen, herzlich, fröhlich und frech der Welt entgegen zu treten. Mit Erfindungsgeist und Ausdauer, interessiert, an Neues heranzutreten. An Freundschaften zu glauben. Daran festzuhalten wenn es mal nicht so klappt mit der gemeinsamen Wellenlänge. Nicht perfekt sein zu müssen. Die Magie im Alltag wiederzufinden in der Natur.

Tinker Bell ist ein Persönlichkeitsanteil in mir, den ich als Spirit Guide bewusst pflege. Regelmäßig, ca. drei Mal im Jahr, sehe ich mir die Filme an und entdecke immer wieder Neues und bin fasziniert von der fantasievollen Umsetzung dieses Filmes aus der Disney-Reihe. Ein Stück Kindheit, Leichtigkeit und Glaube, dass es Kräfte gibt im Unsichtbaren, welche die Fäden so ziehen, dass scheinbar Unmögliches möglich wird.

Tinker Bell ist jugendlich weiblich, spontan, erfindungsreich, natürlich sexy, ohne provokativ oder plakativ zu wirken.

Sie als Leitfigur zu haben, erfüllt mich mit Freude.

Dann gibt es da noch Emely, die Tier-Fee.

Sie zeichnet sich durch Geduld und Einfühlungsvermögen für die Bedürfnisse der Tierwelt aus und vermittelt zwischen den Welten. Sie ist selbstsicher und erdhafter als Tinker Bell.

Sie lebt im Einklang mit den Bedürfnissen der Tierwelt und der Natur. Sie vertritt, in mir wirkend, meine schamanische Ader, mit Tieren, Natur und Menschen verbunden zu sein. Auch sie gehört in mein inneres Szenario.

49
Das Blinzeln der Schlange

Über die Verwandlung unerlöster

Kriegstraumata

Bettina Löber

Ich bin eine Überlebende. Zerschunden, erschöpft, mit Spuren des Erlebten auf der Haut und im Bewusstsein aller Zellen meines Körpers.

Ich war Verwundete, allein im Schützengraben. Flüchtling ... verlassene Frau im vollen Gefühl des Ausgeliefertseins. Und jetzt bin ich Heimgekehrte. Ich habe alles überlebt.

Ich wandere durch diesen Zwischenzustand – zwischen Erleichterung und einem etwas beängstigenden Gefühl, nicht zu wissen, wer ich jetzt bin. Wenn ich es wage und mich behutsam diesem Wesen nähere, das aus all den Schrecknissen hervorgegangen ist, ist da sofort eine mächtige Welle von Tränen, die raus wollen. Aber ich will nicht mehr weinen. Muss es noch sein?

Wenn ja, sind es Tränen aus Ehrfurcht und Staunen, dass ich tatsächlich hier bin – am Leben!

Ist das nicht verrückt? Es klingt wie der Bericht einer Frau, die den Zweiten Weltkrieg überlebt hat. Aber ich erzähle von mir, von meinem Leben. Ich hatte einen furchtbaren Unfall, eine Scheidung und ein paar andere heftige Erlebnisse, und immer wieder kamen die Verbindungen zu Kriegserlebnissen in mein Bewusstsein.

Im Nachhinein ist es wie ein Wunder: Ich habe Schritt für Schritt in Gleichnissen erlebt, was das Schicksal meiner Familie im Krieg war.

Wer bin ich als Überlebende? Mehr denn je brauche ich die unverbrüchliche Freundschaft meiner Pferde. Klaglos sind sie mir gefolgt, als sie ihre schöne Heimat für ein paar Monate aufgeben mussten. Unermesslich ihre Freude, als wir zurückkamen.

Eine freudige Überwältigung in ihren Augen, als sie aus dem Hänger treten – aufgeregtes Einziehen bekannter Düfte durch die großen Arabernüstern, treuer Gehorsam beim Setzen der Schritte links und rechts von mir mit durchhängendem Seil, obwohl die Energien zum Losstürmen bei jedem Schritt anwachsen. Echte Freundschaft eben. So laufen wir gemeinsam die zweihundert Meter vom Pferdehänger auf unser wunderschönes Gelände. Hier ist alles noch genauso wie früher, Natur voller Kraft und Leben.

Wie wunderschön ist es hier! Aber wer bin ich jetzt? Was ist mein Leben? Kann ich wirklich vertrauen, dass es hält? Ich bekomme Antwort. Als ich einen Parcours für die Arbeit mit meiner Stute Liberty aufbaue und einen

Pylon – so ein Hütchen – aufhebe, der seit dem Winter einsam und unberührt auf dem Sandplatz stand, trifft es mich direkt ins Herz. Ein wunderschönes Vogelnest liegt da auf dem Sandboden. Der untere Teil, etwa zehn Zentimeter hoch, aus grüngelben Moosfasern erschaffen. Darauf eine kuschelig weiche, einladende Schicht aus feinstem Tierhaar. Vielleicht die Haare meiner Pferde? Ein Nest!

Ich sehe vor dem inneren Auge die Vogeleltern durch das kleine Loch oben im Hütchen ein- und ausfliegen. Ihr Nest haben sie wunderbar in die Rundung des Pylons eingeschmiegt, als der Sandplatz noch verlassen dalag und dieser Gummikegel ein sicheres Zuhause war. Ich atme tief durch und bedanke mich für dieses Bild. Ich habe wieder ein Nest! Es fühlt sich *sooo gut* an. So geborgen.

Eigentlich wollte ich das Nest mit runter zum Haus nehmen, aber dann habe ich es auf einem Stapel Bodenplatten vergessen. Am nächsten Morgen fällt mein Blick darauf, und ein Energiewirbel flattert durch meinen Bauch: Da liegt das Nest noch immer. Etwas zerfleddert, die kuschelige obere Schicht aus Haaren durch den Wind stark verringert. Auf den Resten dieses Flauschteppichs liegen zwei wunderschöne weiße Vogeleier! Staunend betrachte ich dieses wunderbare Geschenk. Neu geborenes Leben. Noch nicht fertig inkarniert, aber geboren. Sichtbar im Werden. Was mögen diese zwei Eier in sich tragen? Ich widerstehe mühelos jedem Anflug, das Bild zu deuten. Es ist zu schön, um zerdacht zu werden.

Ich fühle mich so eng verbunden mit den Lebewesen, die unser Pferdeparadies mit uns bewohnen! Mit den

Bäumen, Büschen und Gräsern. Überall ist Kraft von der Art, wie ich sie brauche. Ich brauche Erde, ganz viel Erde, denn mein Wesen ist immerzu voller Luft und Feuer ... Visionen, Ideen und Inspirationen, Leidenschaft und kreativem Drang. Auch viel Wasser, meistens eher starke Ströme, starke Gefühle, und selten ruhige Seen. Aber, dass man mit Wasser das Feuer in den Griff bekommt, ist ein Trugschluss, nicht wenn so viel Wind da ist. Ich brauche Erde, und hier finde ich sie. Mein Platz hat mir ein Vogelnest mit zwei weißen Eiern geschenkt.

Ich möchte das Geschenk teilen und den Vogeleltern zurückgeben. Sorgfältig lege ich es unter denselben gelben Pylon an einer geschützten Stelle neben unserem Sandplatz. Werden sie kommen, werden sie es dort erspüren und brüten?

Zwei Tage taste ich es nicht an, aber dann bin ich doch zu neugierig, denn ich habe bisher keinen Vogel am Pylon gesehen. Ist dort inzwischen etwas passiert? Ob ich Spuren finde, die mir zeigen, dass die Vogeleltern da waren? Ich hocke mich neben den Pylon und hebe ihn sacht auf. Es trifft mich wie ein Blitz: Neben dem Nest mit den beiden Eiern, leicht gewunden in der runden Form des Nestrands, liegt eine Schlange! Eine Blindschleiche! Aber alles andere als blind.

Während ich in eine Art Trance versinke beim Anblick dieses dritten magischen Geschenks innerhalb weniger Tage und die kleine Schlange neben dem Nest anschaue, spüre ich immer stärker den Fokus, mit dem sie mich aus ihrem rechten Auge anschaut. Das ist ein Gefühl, für das es keine Worte gibt! Ihr Körper liegt ganz ruhig hingegeben da, aber sie ist voll präsent, guckt ... und meint mich!

Da ist keine Angst, keine Starre.

Sie liegt einfach nur da und guckt mich aus ihrem kleinen braunen Auge heraus an. Es ist etwas Prüfendes in diesem winzigen Punkt Bewusstsein. Und zweimal sehe ich, wie ihr Auge blinzelt. In ziemlich großem Abstand. Unglaublich cool und entspannt. Sie guckt im Bewusstsein ihrer großen Kraft und ihrer Wirkung auf dieses heimgekehrte Menschenkind, das noch nicht begriffen hat, wer es jetzt ist, und gibt ihre Antwort einfach nur durch ihr Sein. Sie blinzelt einfach ganz cool in die Weltgeschichte. Und so bleibt sie auch, als ich den Pylon nehme und langsam wieder über das Nest und ihren Körper setze.

In mir hat sich ein Tor geöffnet. Ins Unsichtbare. Die Schlangenkraft lässt mich *Ja* sagen zu meiner eigenen Kraft, die nicht im Körperlichen liegt. Und ich mache mich daran, die noch vorhandenen Kriegsverletzungen und Lähmungen in die Kraft der Verwandlung zu stellen. Ich verlasse mein Versteck und breite meine Flügel aus, weil ich drei Geschenke empfangen habe: ein sicheres Nest, neu geborene Lebenskraft und das tiefe Schlangen-Wissen um die Kräfte der Verwandlung, die alles Leben auf der Erde lenken und leiten.

Ich habe persönlich, seelisch und systemisch die mächtigen Felder meines energetischen Raumes durchwandert.

Bin vergangenen Traumata begegnet, die meine Familie, meine Vorfahren, die große Menschengemeinschaft, zu der ich gehöre in diesem Land, bis jetzt unbewältigt mit sich getragen haben, um nun zu helfen, sie zu verwandeln.

Ich bin jahrelang gewandert, um genau im richtigen Moment wieder hier zu sein und zu erfahren, was eine kleine Schlange mit einem Augenblinzeln sagen kann.

50
Die Wolfsfrau – das Tier in Mir

Andrea O'Neill

Der Archetyp der Wolfsfrau ist auch bekannt als Wilde Frau oder Knochenfrau. Sie ist ein Symbol der weiblichen Seele schlechthin. Sie ist dort zu Hause, wo etwas gefunden oder neu erschaffen wird. Ihre Eingebungen kommen aus dem Bauch, wie alles Spontane, Künstlerische und Schöpferische, denn die Wilde Frau ist nicht im Kopf, sondern in den Eingeweiden beheimatet.

Wenn die Frau mutlos durch Einöden aller Art irrt, und wenn sie sucht, ohne zu wissen, was, dann ist es Zeit, die Wolfsfrau herbeizurufen, die wilde Verbündete mit ihren Organen der Intuition, die Heilerin mit all der Medizin, Trägerin von Träumen, Geschichten, alten Gesängen, Zeichen und Symbolen.

Wenn die Wolfsfrau zugedeckt wird, zeigt sich eine innere Zerrissenheit.

Der Werwolf, die Wildkatze oder auch das freie Pferd sind für mich die wilden Anteile meiner Seele. Die unbändige Natur, die sich immer wieder Gehör verschafft, indem sie ausbricht. Gerade dann, wenn sich alles im

Leben so auf Friede – Freude – Eierkuchen eingestellt hat, verwandelt sich ein Teil in mir in eine Wolfsfrau oder einen Puma oder Wildpferd.

Es fühlt sich auf der einen Seite unheimlich an und auf der anderen so gut und richtig.

Als Kind und Jugendliche habe ich die meiste Zeit im Wald und in der Natur mit meinem großen Hund verbracht. Ich habe mich ganz auf die Art und Weise des Hundewesens eingelassen, und wir sind stundenlang durch die Wälder gestrichen. Manchmal auf der Suche nach Fährten oder einfach so, um von Wasserloch zu Wasserloch zu gelangen. Es ging so weit, dass ich schon vor meinem Hund die Fährten von Tieren bemerkte und wir sie dann gemeinsam verfolgten. Das Empfinden, mich von einer Fährte leiten zu lassen, war sehr belebend und schärfte all meine Sinne. Der Körper und die Sinne waren enorm präsent, und ich wusste manchmal gar nicht mehr, wer ich war: Tier oder Mensch. Das einzige, was mir eine Begrenzung schien, war, dass ich nicht vier Beine hatte. Die Art, wie sich Tiere fortbewegen, finde ich schön und anmutig.

Unsere Streifzüge waren ausgleichend, und alle Sinne konnten sich ausleben. Als ich den Film „Der Wolfsjunge" gesehen hatte, musste ich weinen, und es ging mir nachher nicht gut. Ich weiß zwar nicht mehr genau, wie der Film ausging, aber bleibend ist die Szene, wo der Junge, immer wenn er Wasser aus dem Glas trank, ans Fenster ging, mit dem Blick in die Natur und Freiheit. Ich habe diese Geste mit dem Blick dann auch übernommen. Beim Wassertrinken schaue ich auch heute noch am liebsten in die Natur.

Der Film „Katzenmenschen" war auch sehr ergreifend. Die Verwandlung einer jungen Frau in eine Raubkatze mochte ich, und die Gründe dafür waren nicht so wichtig. Die entscheidende Sache war, dass die Frau im Film sich in einen Puma verwandelte. Das war wie *going home*. Am Schluss entscheidet sich die Frau für ihre Liebe und wird zum Puma. Dieser Entschluss war auch so ein Schlüsselerlebnis. Ich fand das die richtige Entscheidung, alles andere wäre ein Verrat an ihrer Natur gewesen.

Nun bin ich ja nicht mehr ganz so jung, und doch spüre ich diese Kraft in mir. Das Fährtensuchen, das Jagen und vereinnahmt zu sein von den Sinnen, diese Kraft hat eine zerstörerische Seite und auch eine ganz gelassene und ruhige. Wenn ich Angstsituationen verspüre, flackert diese Kraft auf und schlägt in Angriff um. Das Tier in Mir ist für Freiheit und Handeln trotz Widerständen zuständig. Diese Kraft kann sich auch gegen mich richten, sofern ich mich verleugne.

Eine ganz wichtige Erfahrung habe ich damit gemacht, als ich merkte, dass ich in Gegenwart meiner Tochter mich kaum mehr zurückhalten konnte, wenn es Situationen gab, da ich etwas aushalten wollte. Das war wie ein Katalysator, ich fuhr mit meiner ganzen inneren Meute auf und machte einen Kampf um Leben und Tod daraus. Meine Tochter fand mich völlig übertrieben, und die Mitmenschen nahmen mich als vorbeirauschendes Gewitter war. Fakt war und ist, dass ich mich für meine Nachzucht einsetzte und das gleiche für mich vernachlässigte. Mütter können in solchen Situationen zu Bestien werden und beschützen ihren Nachwuchs aufs Letzte. Das ist bei Tieren auch so.

Das Jägertum unserer Gesellschaft zeigt sich im Schnäppchenjagen. Das Tier in Mir versetzt mich in Aufruhr, ohne zu wissen warum. Dies ist unangenehm und ich werde wie fremdbestimmt dabei. Die Erleichterung kommt erst, wenn zum Beispiel irgendwo eine Grenze auftaucht, sei das mental oder physisch. Dann erst kann das Bewusstwerden kommen, vorher ist die Energie auf Handeln ausgerichtet.

Diese Aussagen decken sich recht gut mit den Archetypen der Urmutter und der wütenden Grenzwächterin oder des Räubers (Täter). Eine erlöste Variante ist auch der Berserker-Archetyp des Wilden Mannes oder Wilden Frau. Der Berserker hat Freude an einem wilden und doch gesammelten Zustand der Leidenschaft erreicht, in dem er große Leistungen in einem veränderten Bewusstseinszustand vollbringen kann. Die Urmutter steht für Wurzeln und Instinkte, bei ihr ist die Frage, ob sie ihre Instinkte für Sicherheit und Selbstvertrauen einsetzt oder ob sie gerade um imaginäre Gefahren kämpft.

Den Archetyp des *Tiers in Mir* ordne ich der Blockade zu. Es hat sich irgendwohin zurückgezogen, um sich dann zornig wieder zu melden. Diese Kraft will gelebt sein und gehört zu mir. Doch ich habe sie wohl eine geraume Zeit zu fest im Käfig eingesperrt.

Diese Energie hilft mir, meine Grenzen zu bewahren, ohne hart zu werden. Meine Zweifel sind, mich zu verlieren oder die Kraft für die Umsetzung nicht zu haben – dafür wäre dieser Wesensteil hilfreich, wenn ich ihn in mein Leben zurückhole und ihn pflege.

Das Flüchten und Angreifen sind zwar nützliche Strategien zu Beginn, doch wenn diese Kraft ihr wahres

Potential entfaltet, ohne von der Angst gesteuert zu sein, kommen die Zuversicht und die geerdete Energie der Natur.

ॐ

Zwei Monate später:
Ich habe mich auf den Pfad der Intuition begeben. Meine Erkenntnis ist, dass sie immer bei mir war, aber ich habe sie nicht immer zugelassen.

Intuition kennt keinen Kompromiss, sie steht für Klarheit und nicht für Trägheit ...

Autorenprofile

Weitere Informationen zu den Autoren und ihren
Angeboten gibt es auf unserer Gemeinschafts-Website

www.heroesjourneymitpferden.de

Ulrike Dietmann

Ulrike Dietmann entwickelte das Konzept „Hero's Journey mit Pferden", unterrichtet es in Workshops international und bildet Hero's Journey Instruktoren aus. Ihre Workshops in der Persönlichkeitsentwicklung mit Pferden und im Reiten mit Bewusstsein stehen unter dem Vorzeichen Authentizität und Freude.

In ihrem Buch "Heldinnenreise ins Herz der Kreatur" (Wu-Wei-Verlag), „Reise in die innere Wildnis" und in ihren Romanen „Das Medizinpferd" und „Epona – die Pferdegöttin" (spiritbooks) kann man ihre Arbeit hautnah erfahren.

www.spirithorse.info und www.ulrikedietmann.de.

Mit dem jährlichen Horse & Spirit Festival fördert sie den Austausch von innovativem Wissen in der Beziehung zwischen Mensch und Pferd.

www.horse-spirit-festival.de

Natalie Frey

Von Kind auf begleitet mich die tiefe Verbundenheit zur Natur und den Tieren. Die Bewusstheit, dass jedes Lebewesen eine schöpferische Fähigkeit in sich trägt, lehrte mich zuzuhören und aus der Weisheit der Natur zu lernen.

Pferde sind mir große Lehrer geworden, dieser schöpferischen Kraft immer mehr im Alltäglichen zu begegnen.

www.urkraft-der-pferde.de

Silke Frisch-Branderup

Silke Frisch-Branderup ist Barockreiterin, Knabstrupperzüchterin, Hero's Journey Instruktorin und Pferdefrau bis in die Haarwurzeln. Seit über 20 Jahren hat sie ihr Leben den Pferden gewidmet und lebt und wirkt gemeinsam mit ihrer Herde in Norddeutschland. Die Grundlagen ihrer reiterlichen Ausbildung erhielt sie bei ihrem Ex-Ehemann Bent Branderup, seitdem hat sie über die Jahre ihr eigenes Konzept vom „Reiten als Weg zum Herzen" entwickelt und kombiniert dabei ihr Pferdefachwissen mit spirituellen Erkenntnissen.
Ihr Gestüt mit dem symbolhaften Namen „Midgaard" ist ein Zentrum der Inspiration, tiefer Einsichten und des Lernens von und mit Pferden – und immer einen Besuch wert.

www.midgaard.de
Email: mail@midgaard.de
Telnr. +49 170 934 9951

Marisa Könitzer

Aufgewachsen inmitten der unerschöpflichen Natur des Bodensee-gebietes, fühle ich mich seit jeher eng verbunden mit Tieren, Pflanzen, Menschen und den Elementen.

Die Nähe zu Menschen in schweren Phasen ihres Lebens entwickelte sich besonders während meiner Zeit als Fachkrankenschwester für krebskranke Patienten in Deutschland und in der Schweiz. Heute vertiefe ich mich in die therapeutische Arbeit mit Menschen in unterschiedlichsten Belastungssituationen auf einer Station für Sozialpsychiatrie.

Durch meine Fortbildungen in traditioneller chinesischer Medizin, Reiki und Pferdephysiotherapie kann ich alle Elemente verbinden, und so in der pferdegestützten Arbeit die täglichen Veränderungsprozesse im Kreislauf des Lebens begleiten.

www.traumzeitpferd.de

Diana Krahn

Ein Leben ohne Tiere ist für mich kein Leben.

Wenn du deinem Herzen folgen möchtest, dann biete ich dir die Heldenreise mit Pferden und Hunden an, eine Reise zu deinem wahren Ich.
Eine Reise, die man nicht lernen kann, sondern erfahren muss.

www.pferdeenergie-wolfskraft.de
oder 0176-39342188

Bettina Löber

Das Leben selbst hat mich zu einer Begleiterin und „Reiseleiterin"
anderer Menschen gemacht. Seit 25 Jahren beschäftige ich mich
beruflich und persönlich intensiv mit unzähligen Themen und
Lebensfragen, immer auf der Suche nach Wahrheit, innerer Freiheit
und neuen Ebenen des Bewusstseins und der Lebenserfüllung.
Als Dozentin für Islamwissenschaften und Weisheitslehren des
Orients, als Reiseveranstalterin und Autorin, als Leiterin spiritueller
Gesprächskreise, als Hochsensible und Empathin war und bin ich
Lernende und zugleich Lehrerin und Begleiterin vieler Menschen.
In den letzten Jahren kam die Persönlichkeitsentwicklung und
Selbsterfahrung mit Pferden hinzu. Heute gebe ich Workshops und
Einzelcoaching in der Mitte und im Norden Deutschlands.

www.bettinaloeber.de
bettina.loeber@freenet.de

Silke Lohnes

Den Spuren der Pferde zu folgen, hat in meinem Leben eine völlig neue Perspektive eröffnet. Durch das Leben und Arbeiten auf einem Hof mit Islandpferden und durch die „Heldenreise mit Pferden" habe ich einen tiefen Zugang zu den Tieren, der Natur und vor allem auch zu meiner eigenen inneren Weisheit gefunden.

Die Pferde und die Natur zeigen uns, wie wir in unsere authentische Kraft finden, wie wir erkennen und leben, wer wir wirklich sind. Mich erfüllt es mit Freude, den Raum dafür und für ein achtsames und wertschätzendes Miteinander von Mensch und Pferd zu schaffen.

Pferdewirtin Zucht und Haltung/Trainerin C IPZV
Trainerin für pferdegestützte Persönlichkeitsbildung /
Das Pegasus-Projekt
Hero's Journey Instructor
www.silkelohnes.de

Sonja Nowak

Egal, wie es uns gerade geht und in welcher Lebenssituation wir uns befinden, WIR besitzen den Schlüssel zur Weisheit und WIR haben in jedem Moment die Wahl. Pferde sind auf unserer Lebensreise wunderbare Begleiter – sie leben im Hier und Jetzt, sie sind immer authentisch – und das ist unsere Chance, von ihnen zu lernen. Ihre Fähigkeit, uns zu sehen, wie wir wirklich sind, öffnet uns den Weg zu unserem authentischen Selbst und unseren eigenen Kraftquellen und Ressourcen.

Zurzeit lebe ich zusammen mit meinem Pferd in einer schöpferischen Pause. Anfang 2016 steht meine Website im Netz und die Pferde und ich mit voller Kraft zur Verfügung in Einzel-Coachings und Workshops.

Neugierig?
Für Fragen und weitere Informationen bin ich auch jetzt per Email, sonjamaria.nowak@web.de erreichbar.

Andrea O'Neill

Schon immer habe ich mich am liebsten in der Natur aufgehalten. Dort spüre ich diese unverwechselbare Lebendigkeit. Mein Studium zur Agronomin und Umweltingenieurin sollte zum ersehnten Beruf in der Natur führen, was nun mit einem eigenen Bauern- und Pferdehof in Erfüllung gegangen ist. Die Pferde haben mich in meine eigene Kraft und Sensibilität geführt, und der entscheidende Durchbruch war die Ausbildung zum Hero's Journey Instructor bei Ulrike Dietmann. Durch diese Ausbildung sehe ich meine Aufgabe darin, Menschen ihre eigene Präsenz und Wahrnehmung bewusster werden zu lassen.

Andrea O'Neill
CH-6047 Kastanienbaum, Oberbreiten,
Tel.: 076 400 06 94,
Email: andrea.on@hotmail.ch
www.Pferde-Zeit.ch

Corinne Roll

Mit den Pferden und als Hero's Journey Instructorin lebe ich meine Leidenschaft und Berufung.

Erfahrungen in Verbindung mit Pferden spür- und erfahrbar zu machen, mit der Aussicht auf mehr natürliche innere Kraft, auf Selbstwert, der sich ausdrückt in Schönheit und Spiritualität, für Menschen und Pferde ... das wünsche ich mir.

Seit Kindertagen erkenne ich die Zusammenhänge und sehe die möglichen Wege aus der menschlichen Verstrickung. Es ist mir eine Freude, Menschen anzuleiten, sich aus diesen Verstrickungen zu lösen. Die Pferde sind dabei meine Co-Trainer, wir sind hoch motiviert, umsetzbare Möglichkeiten zu finden und Lösungswege anzubieten.

www.heldenreise-mit-pferden.de

Christine Roßmann

Künstlerin des Buchcover-Bildes

Seit meiner Kindheit begleiten mich die Pferde, die Malerei, die reiche Bilderwelt der Mythen und Legenden.

Wie passt das zusammen die Pferde, die Malerei und die Bilderwelt?

Die Pferde sind für mich Anam Cara. Der keltische Anam Cara (auf deutsch Seelenfreund) wird beschrieben als: Zwei in inniger Verbindung — Zwei die ineinander überfliesen — Zwei die ihr Herz für einander öffnen — Der Bruder mit dem man seine (Mönchs)- Zelle teilt — Zugleich Freund und Mentor — Quelle der Inspiration.

Durch ihre Präsenz bringen die Pferde dich in Kontakt mit deiner Seele, wo (Seelen) Bilder aufsteigen aus der Tiefe um an die Oberfläche zu Gelangen. Dieses unendlich heilsame und bereichernde Geschenk, des in Verbindung Tretens mit den inneren Seelenwelten möchte ich mit meinen Mitmenschen teilen und wie die Pferde ein Anam Cara und Mittler zwischen den Welten sein.

Die Heldenreise mit Pferden sehe ich als wunderbare Möglichkeit, das Geschenk der Pferde an die Menschen weiterzugeben.

seelenbildgalerie@gmx.de

Tel:01629372334

PFERDEMENSCHEN – Waltraud Schögler

PFERDEMENSCHEN – mit diesem Wort fasse ich meine Lebensaufgabe zusammen: Pferden und Menschen die Möglichkeit bieten,
eine Verbindung zwischen sich entstehen zu lassen, die weit über
das übliche Maß hinausgeht. Die ERDE trägt beide Lebewesen im Hier
und Jetzt. SHEN ist der Ausdruck des Herzens, die Klarheit und die
Begeisterung, die uns von innen leuchten lässt.

Heldenreisen mit Pferden – Folge dem Ruf deiner Seele

Bewußt reiten – Qualität statt Quantität

Erfolgreich kommunizieren

Die Weisheit des ZENtaur – werde zum PFERDEMENSCHEN

Waltraud Schögler, Gunerfing 2, 83308 Trostberg

www.reiten-glück-erleben.de

FENA-Übungsleiterin für Islandpferde — FENA-Wanderreitführerin — Landw.
Facharbeiterin für Pferdewirtschaft — Dipl. Shiatsu-Praktikerin, DO-IN Übungs-
leiterin — derzeit in Ausbildung zum Hero'sJourney-Instructor

Mirja Vits

Ich hatte das Glück, seit Kindheit an von Pferden durch das Leben begleitet zu werden. Während meines 5 ½-jährigen Aufenthalts in den USA studierte ich Natur- und Pferdewissenschaften und arbeitete auf verschiedenen Ranchen mit verschiedenen Schwerpunkten in der Pferdeausbildung. Die Arbeit auf der Ranch von Allen Rapert war bahnbrechend. In Zusammenarbeit wurden aus „Problempferden" wieder liebevolle, gesunde, motivierte, leistungswillige, beste Kameraden. Ich bin überglücklich in das Hero's Journey Instructor Programm aufgenommen worden zu sein. Ich bin mir sicher, nun endlich einen Weg gefunden zu haben meine Leidenschaften und mein Wissen zu vereinen und vor allem noch ein ganzes Stück zu vertiefen. Viele, viele wunderbare Pferde und viele, viele wunderbare Menschen werden Unglaubliches bewegen.

www.fromhorsesandheroes.de
Tel: +49 163 1631241

Meine erste intensive Begegnung mit Pferden hatte ich im Alter von acht Jahren beim Voltigieren. Ich liebte Pferde vom ersten Augenblick an und daran hat sich bis heute nichts geändert. Ihre Kraft und Lebensfreude, ihre Ehrlichkeit und Sensibilität berühren mich zutiefst. Ich komponierte 25 Jahre lang Filmmusik für das ZDF und sammelte über die Jahre Erfahrungen in Astrologie und Aufstellungsarbeit. Ebenso absolvierte ich eine dreijährige Ausbildung zum Reinkarnationstherapeuten und Leiter von Selbsterfahrungsgruppen.

Dennoch sollten Jahrzehnte vergehen, bis ich mich entschloss, die erworbenen therapeutischen Kenntnisse mit meiner Liebe zu den Pferden zu verbinden und zum Beruf zu machen. Ich begann wieder zu reiten und erwarb meine junge Stute „Jeannie", die ich zunächst als Reitbeteiligung betreut hatte. Sie ist die perfekte Lehrmeisterin in allem, was meiner Selbsterkenntnis dient und fordert mich durch ihre Authentizität und ihr Selbstbewusstsein täglich aufs Neue.

In meinen Workshops und Seminaren ist es mir ein besonderes Anliegen, Menschen das Lebewesen Pferd näher zu bringen und ihnen damit den Kontakt mit sich selbst und ihren Gefühlen zu ermöglichen.

bernhardzeller.de

www.spiritbooks.de

Bücher, die authentisch sind
und Spirit haben.

*Die Bücher des Verlags erhalten Sie in allen Buchhandlungen
und bei zahlreichen Online-Anbietern wie amazon.de. Sie können
die Bücher auch beim Verlag direkt bestellen: www.spiritbooks.de*

*Wenn Sie direkt beim Verlag bestellen,
unterstützen Sie den Verlag und die Autoren.*

Die Vision des Verlags

Vertrauen in das Gespür von Leserinnen und Lesern

Bedingungslos authentische Bücher

Autorinnen und Autoren als Persönlichkeiten,
die etwas Unverwechselbares zu erzählen haben.